Gerd Schneider

Von einem, der auszog, die Welt zu verstehen und bis zum Abendessen wieder zurück sein wollte

Abbildungen: Bettmann/CORBIS: S. 37; Bpk: S. 139; ESO/APEX & MSX/IPAC/NASA: S. 138; NASA (Crew of STS-125): S. 181; NASA, ESA, and M. Livio and the Hubble Heritage Team: S. 175; NASA, ESA, and The Hubble Heritage Team (STScI/ AURA): S. 10; NASA, ESA, H. Bond (STScI) and M. Barstow (University of Leicester): S. 207; NASA, ESA, H. Weaver (JHU/APL), A. Stern (SwRI), and the HST Pluto Companion Search Team: S. 15; NASA, ESA, J. Hester, A. Loll (ASU): S. 8; NASA/JPL/UA/Lockheed Martin: S. 20; NASA/ JPL-Caltech/K. Gordon (University of Arizona): S. 173; NASA: S. 39, 115; National Oceanic and Atmospheric Administration/P. Rona: S. 73; picture-alliance/dpa: S. 120; picture-alliance/ Paul Mayall: S. 94; picture-alliance/Klett GmbH: S. 91; Pixelio/Frank Güllmeister: S. 121; Pixelio/Gabi Schönemann: S. 70; Pixelio/Karl Diener: S. 60; Pixelio/Martin Rehseil: S. 98; Pixelio: S. 230; University College London Digital Collections: S. 88

Mix
Produktgruppe aus vorbildlich bewirtschafteten
Wäldern und anderen kontrollierten Herkünften
www.fsc.org Zert.-Nr. SGS-COC-2645
© 1996 Forest Stewardship Council
FSC

2. Auflage 2010
© Arena Verlag GmbH, Würzburg 2010
Alle Rechte vorbehalten
Illustrationen: Volker Fredrich
Gestaltung und Satz: Punkt und Komma, Claudia Böhme, Würzburg
Gesamtherstellung: westermann druck Braunschweig GmbH
ISBN 978-3-401-06413-0

www.arena-verlag.de
Mitreden unter forum.arena-verlag.de

Gerd Schneider

Von einem, der auszog, die Welt zu verstehen und bis zum Abendessen wieder zurück sein wollte

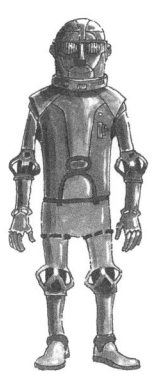

Arena

Inhalt

Erster Teil

Das Leben beginnt

Der Sternengast

Am Morgen des 4. Juli 1054 verlangt der chinesische Hofastronom nachdrücklich eine Audienz bei seinem Herrscher. Man will ihn zuerst nicht vorlassen, aber er lässt nicht locker und behauptet, dass es äußerst dringend sei. Schließlich darf er beim Kaiser vorsprechen.

„Was ist so wichtig, dass du mich bei meinen Staatsgeschäften störst?"

„Während der Nacht ist ein neuer Stern erschienen, oh Herrscher! Strahlender als alles, was ich in meinem langen Leben beobachtet habe."

„Ein neuer Stern, sagst du?"

„Gewiss, Herr! Zuvor war er auf keiner Karte verzeichnet. Er ist oberhalb des Mondes zu sehen. Tretet nur hinaus und seht selbst!"

„Es ist Mittag, Meister Wu."

„Sogar bei Tageslicht leuchtet er hell wie die Sonne. Es ist ein Wunder!"

Der Kaiser begibt sich mit Meister Wu auf die Terrasse des Palastes. Der Astronom und Astrologe zeigt auf ein gleißendes Lichtpünktchen eine Handbreit über dem südlichen Horizont im hellen Blau des Himmels.

„Ein Sternengast!", ruft der Kaiser voller Freude aus. „Welch wunderbarer Anblick! Doch was mag das bedeuten?"

„Es kann nur Gutes bedeuten, mein Herrscher. Glück und Erfolg für Euch und Eure Untertanen", versicherte Meister Wu voller Überzeugung. Er prophezeit dem Kaiser reiche Ernten und glorreiche Siege für das Kaiserreich.

Man verzeichnete den neuen Stern in den Himmelskarten. Sein Erscheinen wurde wochenlang im ganzen Lande gefeiert. Meister Wu wurde ein überaus angesehener Mann. Sein Rat und seine Voraussagen waren schon bald sehr gefragt.

Doch nach einiger Zeit verblasste der Glanz der wundervollen Himmelserscheinung. Bald war er bei Tag nicht mehr zu sehen, sosehr sich der Astronom und seine Gehilfen auch anstrengten. Sie suchten das Firmament ab, verglichen die Karten und erflehten die Hilfe der fünf alten Götter Chinas, die Himmel, Erde, Wasser und alles andere geschaffen hatten.

„Oh weh, der Sternengast hat sich wieder verabschiedet!", klagte man bei Hofe.

Dies sind die fünf Götter:
Der „gelbe Alte", das war der Beherrscher der Erde.
Der zweite hieß der „rote Herr". Er war der Beherrscher des Feuers.
Der dritte hatte den Namen „der dunkle Herr" und war der Beherrscher des Wassers.
Den vierten nannte man „Holzfürst".
Die fünfte hieß „Metallmutter".

Diese Geschichte beruht auf einem tatsächlichen Ereignis. Das Erscheinen des hellen, alles überstrahlenden Punktes im Jahre 1054, der auch tagsüber neben der hellen Sonne sichtbar war, wurde von chinesischen Astronomen aufgezeichnet. Was mit dem Hofastronomen Wu geschah, ob seine Prophezeiungen eingetroffen sind, das findet man in den Chroniken nicht. Man kann nur hoffen, dass es ihm nicht so erging wie seinen unglücklichen Kollegen Hi und Ho: Sie mussten in einer anderen Epoche in China mit dem Leben bezahlen, dass sie eine Sonnenfinsternis nicht rechtzeitig vorhergesagt hatten.

Was Meister Wu im Jahre 1054 prophezeit hat, Glück, Reichtum, gute Ernten – das alles könnte vielleicht zutreffen. Aus dem Material jenes explodierenden Riesensternes, dessen letztes Aufglühen am Ende seiner Lebenszeit der Astronom beobachtet hat, wird sich vielleicht in ferner Zukunft eine neue Sonne, ein neues Planetensystem entwickeln, in dem Leben entstehen könnte.

Aus diesem „Sternengast", der vor rund 1.000 Jahren am Himmel Chinas erschien, wurde der Krebsnebel. Diesen Namen gab ihm 1844 der irische Astronom William Parsons (1800–1867), weil ihn dieses Objekt an einen laufenden Krebs erinnerte: Untersuchungen ergaben später, dass es sich dabei um die Überreste einer gewaltigen Sternenexplosion an genau jener Stelle handelte, welche die Astronomen 1054 in China beobachtet hatten. Die Signale dieses Himmelskörpers im Sternbild Stier werden noch heute empfangen. Man bezeichnet die Explosion eines Riesensterns als Supernova (Plural: Supernovae). Viele Tausend dieser Ereignisse konnten die Astronomen bisher aufzeichnen.

Staubwolke und Karussell

Doch wie entstand unsere Sonne? Was formte die Planeten, zu denen auch unsere Erde zählt?

Man stelle sich vor, jene Explosion hätte sich nicht vor rund 1.000 Jahren, sondern vor fünf bis sechs Milliarden Jahren ereignet. Damals hätte sich, genauso wie es der Kaiser und sein Astronom beobachtet haben, ein Stern zu einem riesigen Gasball aufgebläht und wäre irgendwann in einem gewaltigen Feuerwerk auseinandergeflogen.

Ein prächtiges Schauspiel! Dennoch hätte es kein menschliches Auge erblicken können. Denn aus den Atomen, die bei dieser Katastrophe ins Weltall geschleudert wurden, sollte erst in vielen Millionen Jahren das Leben entstehen. Aus dem Staub einer Supernova haben sich unsere kosmische Heimat, das Sonnensystem, die Erde und die anderen Planeten unseres Sonnensystems gebildet.

Unser Planet und wir Menschen selbst sind ein Nebenprodukt, also schlicht und ergreifend eine Hinterlassenschaft eines alten Himmelskörpers und wir wurden aus seinem Müll recycelt. Im innersten Glutofen jenes alten Sterns wurden die Baustoffe für neue Sonnen und Planeten wie unsere Erde gebacken. Auch die Elemente, die für die Entstehung des Lebens wichtig waren, wie Kohlenstoff und Sauerstoff entstanden dabei.

Die Vorstellung lässt erschauern, dass der Mensch heute auf einem Planeten lebt, der sich an einer Stelle im Weltraum befindet, wo vor Urzeiten gar nichts war. Die gähnende Leere klaffte, bis das Universum schon fast neun Millionen Jahre alt war und es andernorts nur so von Sternen und Galaxien wimmelte. Erst jetzt sollte auch diese stille Ecke in Bewegung kommen: große Mengen Staub zogen durch, kosmischer Dreck, Abfall einer kosmischen Explosionskatastrophe.

Es gibt eine Kraft im Universum, die eigentlich nur sehr schwach wirkt und trotzdem die beständigste ist. Ohne die Schwerkraft, die

Rote Riesen und weiße Zwerge

Je schwerer ein Stern ist, desto heißer ist er im Inneren. Er leuchtet, weil er Wasserstoff zu Helium verbrennt, und wenn dieser Treibstoff verbraucht ist, bläht er sich auf. Seine Außentemperatur sinkt, sein Licht wird rötlich. Daher nennt man die Sterne in dieser Phase rote Riesen. Dieses Schicksal wird auch unsere Sonne ereilen.

Das endgültige Ende des Sterns ist gekommen, wenn das Brennen in ihm erlischt. Die Schwerkraft gewinnt die Oberhand, da kein Druck von innen mehr entgegenwirkt. Der Stern fällt zusammen. Ein weißer Zwerg entsteht, der tot durch das All treibt.

Hatte der Stern ursprünglich eine viel größere Masse als unsere Sonne, wird es, wie es beim „Sternengast" der Fall war, am Ende eine Ascheexplosion geben. Er endet als Supernova oder, wenn seine Masse noch größer war, als schwarzes Loch. Davon wird noch ausführlicher die Rede sein.

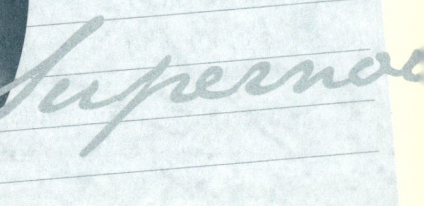

Supernov

sogenannte Gravitation, würde der galaktische Staub einfach irgendwohin getrieben werden und hätte bestimmt keine Anstalten dazu gemacht, sich zu einer neuen Sonne und kleineren Kugeln zu formen. Doch später mehr!

> Wenn von kosmischem Staub gesprochen wird, sollte man sich nicht so etwas wie einen Wüstensturm vorstellen, bei dem man vor lauter feinem Sand die Hand nicht mehr vor Augen sieht. Oder gar so etwas wie Staub auf dem Fensterbrett. Der Staub im Weltall ist so dünn verteilt, dass pro Kubikmeter nur einige 100 oder 1.000 Atome zu finden sind, also in einem Würfel von je einem Meter Länge, Breite und Höhe. Allerdings ist das Weltall auch so riesig, dass eben auch diese scheinbar geringe Menge an Materie ausreicht, um neue Himmelskörper zu formen, wenn die Gravitation, die Schwerkraft, anfängt, ihr Werk zu tun.

Der Staub, diese riesige Menge von Sternenschutt formte sich allmählich zu einem Riesenkarussell.

Die Staubscheibe drehte sich langsam um sich selbst, ungefähr mit der Geschwindigkeit, mit der die Planeten in unserem Sonnensystem heute ihre Bahnen um die Sonne ziehen. Außen bewegen sich die Planeten langsamer, weil dort die Wege länger sind, und innen entsprechend schneller.

Wissenschaftler vermuten, dass wahrscheinlich Turbulenzen in der Materiewolke nach jener Sternenexplosion dazu geführt haben, dass die Scheibe begann, sich zu drehen.

Weitere Schockwellen bewirkten, dass immer mehr kleine Teilchen aneinanderstießen und wegen der Anziehungskraft aneinanderhafteten. Das haben die allerkleinsten Bausteine unserer Welt so an sich: Sie suchen sich gerne Gesellschaft. Die winzigen Atome verbinden sich miteinander zu größeren Einheiten, den Molekülen, und diese wiederum verknüpfen sich zu sogenannten Makromolekülen.

ATOME sind die kleinsten Bausteine eines chemischen Grundstoffs wie zum Beispiel Eisen, Sauerstoff oder Schwefel. Wenn sie sich zu größeren Teilchen zusammenschließen, nennt man sie MOLEKÜLE. Das können zwei oder mehr Atome sein. Zwei Sauerstoffatome bilden ein Sauerstoffmolekül, zwei Wasserstoffatome ein Wasserstoffmolekül. Das Wasser besteht aus einem Sauerstoff- und zwei Wasserstoffatomen.

Erst waren es kleinere Brocken, dann größere und immer mächtigere. Ein Wahnsinnsgetümmel war im Gange. Das meiste Material zog es in die Mitte dieses Wirbels. Als die Wasserstoffatome in dieser Urkugel stark komprimiert wurden, entstand ein neuer Stern: unsere Sonne.

Das Leben eines Sterns am Beispiel unserer Sonne

(1) Staub zieht sich zusammen. Ein riesiger Gasball bildet sich.

(2) Infolge des gewaltigen Drucks verschmelzen im Inneren bei einer Temperatur von über zehn Millionen Grad jeweils vier Wasserstoffatomkerne zu einem Heliumkern.

(3) Das Sternenfeuer ist entzündet, der Stern leuchtet auf!

(4) Es werden riesige Mengen von Energie frei, die in den Weltraum abgegeben werden. Für uns auf der Erde bedeutet das Licht und Wärme.

(5) Ein normal großer Stern wie unsere Sonne bleibt lange stabil. Der Druck nach außen, der durch den Verbrennungsprozess entsteht, hält sich ungefähr die Waage mit der Schwerkraft. Weiteres Zusammenfallen wird so verhindert.

Das Brennmaterial der Sonne, so schätzt man, wird noch etwa weitere fünf Milliarden Jahre reichen.

⑥ Danach wird sich die Sonne zum roten Riesen aufblähen und der Erde viel näher kommen. Diese wird sich in eine glühende Steinwüste verwandeln, in der keinerlei Leben mehr möglich ist.

Applaus für die Geburt der Sonne

Mitarbeiter des galaktischen Reisebüros vom Planeten JFY11 sind auf einer Aussichtsplattform versammelt.

„Bravo!"

„Gigantisch!"

Die kosmischen Zuschauer applaudieren der Geburt des neuen Sterns aus der sicheren Entfernung von 2.000 Lichtjahren. Sie erheben ihre Gläser und stoßen an.

„Ein Hoch auf dieses wunderbare Schauspiel! Dieser Stern und seine Umgebung müssen unbedingt erforscht werden!"

Diese galaktischen Ferienveranstalter sind immer auf der Suche nach Orten, wohin sie vielleicht eines Tages ihre Touristenkreuzer entsenden oder Ferieninseln einrichten können.

Unter ihnen befindet sich der unsterbliche, androidenartige XaphoX, ein menschenähnlicher Roboter, der vor etlichen Millionen Jahren von superintelligenten, friedlich zusammenlebenden Völkern konstruiert und gebaut worden ist. Die galaktische Heimat seiner Schöpfer ist ein Sternensystem mit einem Dutzend Planeten im inneren Orionarm. Der elfte vom Stern Quarta aus gesehen ist JFY11. Am äußeren Ende des Orionarmes liegt unser Sonnensystem, dessen Geburt hier gefeiert wird.

Der Menschenroboter XaphoX wird als Kundschafter ausgesandt, um Beschreibungen und Bilder einer Gegend zu liefern, auf die sich die Aufmerksamkeit der JFY11-Bewohner gerichtet hat. Die Ergebnisse seiner Entdeckungsreise werden im Folgenden von Zeit zu Zeit eingebaut. Für XaphoX gelten unsere Gesetze von Zeit und Raum nicht. Daher ist er in der Lage, die lange Entwicklung der Erde und des Lebens auf ihr zu verfolgen und darüber zu berichten.

Die Anfänge einer Bühne
mit dem Namen Erde

Aus dem Rest der Gas- und Staubscheibe, die weiter um den jungen Sonnenball rotierte, formten sich mithilfe der Schwerkraft immer stärker anwachsende Planetenkugeln und andere größere und kleinere Brocken. Sie alle drehten im Riesenkarussell ihre Kreise um die junge Sonne und werden bis heute vom ursprünglichen Schwung der Staubscheibe angetrieben. Die Fliehkraft zieht sie nach außen, die Anziehungskraft der Sonne verhindert, dass sie in den Weiten des Alls verschwinden: Ein Gleichgewicht, das seit fast fünf Milliarden Jahren besteht.

Damals bildeten sich Merkur, Venus, Erde und Mars in der Nähe der Sonne. Weiter entfernt entstanden die großen Gasplaneten Jupiter und Saturn und ganz außen die Eisplaneten Uranus und Neptun.

Pluto, der bis 2006 noch als der neunte und am weitesten entfernte Planet galt, wurde wegen zu geringer Größe wieder aus der Liste gestrichen. Astronomen vermuten, dass es weiter draußen noch einen oder sogar mehrere große Himmelskörper gibt, die möglicherweise zu den Planeten unseres Sonnensystems gerechnet werden können.

Genau weiß man allerdings noch nicht, wie das mit der Entstehung der Planeten war. Es gibt noch eine ganze Reihe von anderen Theorien, aber momentan kann man nur abwarten, ob die Wissenschaft nicht vielleicht schon bald mehr sagen kann. Mithilfe des Hubble-Teleskops, das seit Jahren im Weltraum kreist, wurden zahlreiche Stellen im Universum ausfindig gemacht, an denen ähnliche Prozesse ablaufen, wie man sie bei der Entstehung unserer

kosmischen Heimat vermutet. Mit immer besseren Beobachtungs-
methoden wurden auch viele Planeten außerhalb unseres Sonnensystems gefunden.

Ob es auf ihnen Leben gibt? Wie könnte es aussehen? Bisher kennen wir nur einen einzigen Ort im gesamten Universum, auf dem es
Leben gibt: die Erde. Aus Trümmern entstanden, kreist sie seit fast
fünf Milliarden Jahren zusammen mit ihren planetarischen Nachbarn
um die Sonne.

Wie mag es auf unserem Planeten nach seiner Entstehung ausgesehen haben?

Konnte das schon der Ort sein, an dem sich das Leben entwickelt,
auf dem sich die ersten Moleküle beschnupperten und beschlossen:

„Wir finden uns gut, wir bleiben zusammen!"

„Wir setzen die Evolution in Gang!"

„Mal sehen, was dabei herauskommt!"

Kein guter Ort für Touristen!

Vieles über die Entstehung der Erde hat man durch geologische Untersuchungen herausgefunden. Eines steht demnach fest: Es war nicht öde und
leer auf diesem jungen Himmelskörper. Es brodelte und kochte in diesem
Haufen Sternenschutt, es zischte und dampfte auf dieser interstellaren
Müllhalde, aus der gewaltige Feuerfontänen schossen.

„Die reinste Hölle auf Erden!", meldet der Androide ans Reisebüro seines Heimatplaneten JFY11. Er hat seine Beobachtungskameras im Raum zwischen den neu entstandenen Himmelskörpern des Sonnensystems installiert. XaphoX selbst bewegt sich mit seinem Raumschiff Hermes in einer Bahn zwischen Erde und Venus. Im Licht der jungen Sonne glitzert es wie ein langer silberner Pfeil, der sich mit annähernder Lichtgeschwindigkeit durch das All bewegt.

 HERMES hieß im alten Griechenland der Bote der Götter. Er trug, so will es die Sage, einen Zauberstab bei sich, mit dem er Menschen einschläfern konnte. Daher galt er auch als Gott des Schlafes und des Traumes. Im Mittelalter wurde Hermes auch zum Gott der Zauberkunst, der Magier und Gaukler.

Das Raumschiff kann schnell und ohne Zeitverlust wie der Götterbote das All durchqueren. Es hat einen magischen Generator an Bord, der die Zeit raffen oder dehnen kann. Der Androide kann Zeitblasen um das Raumschiff erschaffen und es mit seinen Passagieren bis an den Rand der Welt bringen.

„Kein guter Ort für Touristen!", lautet XaphoX' Botschaft. Die Bilder der Kameras, die der Kundschafter auswertet und an die Zentrale sendet, zeigen gewaltige Vulkanausbrüche, Fontänen aus heißer Lava, die Hunderte Kilometer emporschießen und danach große Teile des jungen Erdballs bedecken.

„Dort unten schmelzen sogar die Steine! Dauernd knallen schwere Brocken in die heiße Suppe."

„Gar keine Chance für Ferienparks?", fragt die Leitung des Reisebüros nach. „Wir haben schließlich diese Besichtigungstouren in die Gegenden, in denen neue Sonnen und Planeten entstehen, im Katalog. Die Nachfrage der Kunden ist groß."

„Im Moment ist es hier noch viel zu gefährlich. Der Planet besteht bis jetzt noch aus flüssigem Material. Viel zu viele Trümmer fliegen herum. Eine Station wurde schon getroffen. Unser Rechner ist fast nur noch damit beschäftigt, den Hindernissen auszuweichen."

„Was schlägst du vor, XaphoX?"

„Wir sollten abwarten, wie sich die Dinge hier entwickeln."

Der Vorschlag des Kundschafters wird von seinen Auftraggebern akzeptiert. Sie einigen sich darauf, dass der Androide das neue Sonnensystem erst in einigen Millionen Jahren wieder besuchen soll. Die Kameras werden alles aufzeichnen, der Androide selbst soll nach einem Check seiner eigenen Funktionen und seines Raumschiffs Erkundungsfahrten in einigen Regionen des Pferdekopfnebels durchführen, wo die Reiseveranstalter von JFY11 ebenfalls eine Reihe von jungen Sternen entdeckt haben.

Knapp der Zerstörung entgangen

Die Urerde wurde durch den Aufprall unendlich vieler Gesteinsbrocken weiter aufgeheizt. Schwere Elemente wie Eisen sanken in der flüssigen Lava nach unten und bildeten einen Eisenkern im Inneren der Erde. An der Oberfläche der Kugel sammelten sich unter anderem Kohlenstoff, Magnesium, Aluminium, Silizium und Sauerstoff. Im Grund all die Elemente, die man auch heute noch findet.

Dieses ganze Material aus den Meteoriten, das die Erde traf, ließ ihren Umfang weiter anwachsen. Doch als hätte es nicht schon genug Zusammenstöße gegeben, sollte es schon bald zur ultimativen Kata-

Der gute Mond

Beinahe wäre die junge Erde bereits knapp 70 Millionen Jahre nach ihrer Entstehung wieder zerstört worden. Zum Glück wurde sie bei diesem Aufprall schräg und nicht frontal getroffen, sonst wäre sie zerrissen worden. Trotzdem wurden große Teile der Erdhülle durch das Riesengeschoss herausgesprengt.

Eine Wolke aus Gesteinstrümmern umkreiste die Erde. Durch den Zusammenprall einzelner Teile bildete sich nach und nach ein Erdtrabant, unser guter alter Mond. Er ist nach heutigen Theorien fast genau so alt wie die Erde. Seit ihrem Bestehen üben die beiden Himmelskörper gegenseitige Anziehungskraft aus, der Mond wird so auf seiner Umlaufbahn gehalten. Es gibt Wissenschaftler, die wegen der Größe des Mondes von einem Doppelplanetensystem sprechen. Außerdem besteht er auch weitgehend aus dem gleichen Material wie die Erde. Das kann leicht nachgewiesen werden, da sich der Mond seit seiner Entstehung kaum verändert hat. Die fehlende Lufthülle verhinderte im Gegensatz zur Erde das Verwittern des Gesteins.

Jeder Beobachter kann mit bloßem Auge Mondkrater erkennen, die Zeugnisse von gewaltigen Meteoriteneinschlägen, wie sie auch auf der Urerde vorgekommen sind.

Mond

19

strophe für den jungen Planeten kommen. Ein Asteroid, groß wie der Mars, schlug auf der rot glühenden Erde ein. Ein gigantisches Ereignis, vergleichbar der Explosion von vielen Millionen Atombomben. Der größte Teil dieses ungeheuren Brockens, so die Theorie, drang in die noch weiche Erdkruste ein, wurde von dem flüssigen, breiigen Untergrund verschluckt. Der Planet wuchs dadurch noch weiter und erreichte allmählich seine heutige Größe.

Schöpfung

Wie konnte das Leben in dieser unwirtlichen Welt voller Feuer, Giftgas, Einschlägen und Explosionen damals entstehen? Es gab noch keine schützende Atmosphäre, kein Wasser, das nach dem heutigen Erkenntnisstand unbedingt notwendig ist für die Entwicklung von Lebensformen.

Nicht umsonst suchen die NASA-Sonden auf dem Mars und den Monden von anderen Planeten im Sonnensystem ständig nach Spuren von Wasser als Hinweis darauf, dass sich einfachste Lebensformen gebildet haben.

Kurz und gut: Das größte Geheimnis in der Geschichte der Menschheit schien lange Zeit völlig unlösbar. Über Jahrtausende zerbrachen sich Philosophen, Wissenschaftler, Theologen und Alchemisten den Kopf darüber. Ehrlich gesagt tun sie es nach wie vor, denn zum größten Teil ist man immer noch auf Vermutungen und Theorien angewiesen.

Für manche heilige Schriften hingegen ist alles klar. Zwei Beispiele:

Im Erstes Buch Moses, Kapitel 1, Vers 26–28 steht:

„ Dann sagte Gott: „Jetzt wollen wir den Menschen machen, unser Ebenbild, das uns ähnlich sieht. ER soll über die ganze Erde verfügen: Über die Tiere im Meer, am Himmel und auf der Erde." So schuf Gott den Menschen als sein Ebenbild. Als Mann und Frau schuf er sie. ER segnete sie und sprach: „Vermehrt euch, bevölkert die Erde, und nehmt sie in Besitz!" **„**

Dieser Schöpfungsbericht ist Juden und Christen gemeinsam.

Der Koran stellt es in Sure 32:7 bis 32:9 so dar:

„ ER (Allah) ist der Allmächtige, der Barmherzige, (Sure 32:7) Der alles vollkommen gestaltete, was ER erschaffen hat. Den Menschen (Adam) erschuf ER zuerst aus Lehm. (32:8) Seine Nachkommenschaft erschuf ER aus einer verächtlichen, wässrigen Flüssigkeit. (32:9) Dann formte ER ihn und hauchte ihm von Seinem Geheimnis ein. **„**

In fast allen Religionen hat ein großer Schöpfer in seinem „unerforschlichen Ratschluss" das Leben auf die Erde gebracht.

Auch heute noch spielt der Glaube an die biblische Weltschöpfung bei sehr vielen Menschen eine große Rolle. Vehement wenden sie sich gegen alle Theorien der Evolution, wonach sich das Leben, wie wir es kennen, in seinen unendlichen Formen und Ausprägungen, Schritt für Schritt entwickelte. Die ersten Einzeller, zufällig gebildet, aus dem Schlamm der Urmeere kommend? Der Mensch vom Affen abstammend? Undenkbar, so etwas kann ein Gott nicht zugelassen haben!

Undenkbar, dass der Mensch vom Affen abstammt

Radikale Anhänger einer ausschließlich göttlichen Schöpfungslehre lassen allerdings außer Acht, dass eine naturwissenschaftliche Erklärung des Beginns der Welt und des Lebens selbstverständlich einen schöpfenden Gott nicht ausschließen kann, der alles vor unendlich langer Zeit in Gang gebracht haben könte. Der Urknall wäre dann von einem Gott angestoßen worden. Und nach diesem Anfang lief es nach den Naturgesetzen ab, die im gesamten uns bekannten Universum gelten. Allerdings stellt sich dann die Frage „Wie ist Gott entstanden?".

Mäuse aus Getreide

Wissenschaftler, Philosophen und Alchemisten in Altertum und Mittelalter griffen zu den abenteuerlichsten Konstruktionen und Theorien, um Naturwissenschaft und Gott unter einen Hut zu bringen. Aristoteles behauptete 300 Jahre vor Christus, dass Kröten aus nasser Erde und Bienen aus Exkrementen entstehen würden.

Ähnlich wild ist die These des Arztes und Naturphilosophen Johann Baptist van Helmont (1580–1644), der als Universalgelehrter in Flandern weithin bekannt war. Dieser letzte Alchimist hatte nicht nur versucht, aus Quecksilber Gold zu machen, sondern er war auch überzeugt, das Rezept für die Erschaffung von Leben gefunden zu haben: „Wenn man ein schmutziges Hemd in die Öffnung eines mit

Weizenkörnern gefüllten Gefäßes stopft", schrieb er, „wird sich nach etwa 21 Tagen der Geruch verändern und die Zersetzungsprodukte werden in die Schale des Weizens eindringen und so das Getreide in Mäuse umformen."

Entweder packt einen der kalte Graus, wenn man sich diesen Versuch allzu bildlich vorstellt, den er im Labor auf seinem Gut bei Brüssel durchführte, oder man wundert sich über die Naivität eines Mannes, desssen Forschung in anderen Bereichen der Chemie auch heute noch anerkannt ist.

Es kamen nach einiger Zeit Mäuse aus dem mit Getreide gefüllten Behältnis und van Helmont sah seine Theorie bestätigt. Ob das Gefäß vielleicht einfach nur nicht ganz verschlossen war, ist übrigens nicht überliefert …

Auch der alte Goethe zerbrach sich den Kopf darüber, warum ihm die Natur so gar keinen Tipp geben wollte, wie das Leben entstanden ist. Kurz und bündig stellte er fest: „Sie spritzt ihre Geschöpfe aus dem Nichts hervor und sagt ihnen nicht, woher sie kommen und wohin sie gehen."

Viele Seiten ließen sich mit den unglaublichsten Spekulationen über das Entstehen des Lebens auf der Erde füllen.

Daher drängt sich an dieser Stelle die Frage auf:

Was ist das, Leben?

Fast jeder wird dazu eine Meinung haben. Vielleicht wird er sagen, wenn sich etwas bewegt, lebt es auch. Das stimmt natürlich nicht, denn es gibt auch Maschinen, die sich bewegen.

Ein anderer wird feststellen: Wenn sich etwas fortpflanzt, dann kann man von Leben sprechen. So einfach ist es aber leider auch wieder nicht! Man denke an ein Computerprogramm, das sich kopiert, ein Computervirus, der sich auf Millionen Rechnern in aller Welt verbreitet, indem er sich mit großer Geschwindigkeit reproduziert und damit fortpflanzt. Lebt dieser Virus etwa?

Fortpflanzung ein Zeichen von Leben?

Ein Dritter wird behaupten, eines der Merkmale von Leben ist der Stoffwechsel, das bedeutet also die Umwandlung von einem Stoff in Energie, etwa von Nahrung in Bewegung. Dem kann entgegengehalten werden, dass das zum Beispiel auch bei Feuer der Fall ist. Eine Flamme verbrennt Stoffe wie Holz oder Kohle und wandelt sie in Licht und Wärme um. Feuer hat also einen Stoffwechsel. Außerdem können Flammen sich vermehren, überspringen und sich fortpflanzen. Lebt Feuer etwa?

Oder wie steht es mit dem Auto? Mensch und Auto haben beide einen Stoffwechsel und noch andere für das Leben wichtige Eigenschaften wie zum Beispiel Bewegung.

Lebt ein Auto?

Niemand wird das behaupten. Dass es Kaninchen tun, ist klar, denn ein paar Lebewesen dieser Art können jedes Jahr viele Dutzend Nachkommen zeugen. Aber lebt ein kastrierter Hund etwa nicht, weil er sich nicht mehr fortpflanzen kann? Und ein Maulesel, die Kreuzung zwischen Pferd und Esel, die ebenfalls keine Nachkommen zeugen kann? Die Sache ist also gar nicht einfach, denn Eigenschaften, die lebendigen Wesen zugeschrieben werden, gelten offenbar gelegentlich auch für unbelebte Dinge.

Was ist also die Definition von Leben?

Dazu einige Zitate, die zeigen, dass es auch in der Wissenschaft zu diesem Thema keine eindeutige Meinung gibt:

»Die naturwissenschaftliche Definition von Leben ist, dass ein Lebewesen Energie verbraucht, einen eigenen Stoffwechsel besitzt und dass es sich selber vermehren und fortpflanzen kann.**«**
Antje Boetius, Meeresbiologin aus Bremen

»Vor allem Informationsspeicherung und Replikation (Vervielfältigung) sind Voraussetzung für Leben.**«**
Andreas Kappler, Geomikrobiologe aus Tübingen

»Ich bin ganz zufrieden damit zu sagen: Leben ist etwas, das sich reproduzieren kann und eine Evolution ermöglicht.**«**
Tobias Owen, Buchautor, Astrobiologe aus Hawaii

»Es gibt keine eindeutige Definition darüber, was Leben ist ...**«**
Oliver Botta, Schweizer Geochemiker

Klar ist, dass die Stoffe, aus denen Lebewesen bestehen, die Atome, die Moleküle und Molekülketten der unterschiedlichsten Elemente den gleichen Naturgesetzen gehorchen wie die Bausteine der unbelebten Materie. Anziehungskräfte wirken, Energie wird verbraucht und neu hinzugeführt, Bewegungen finden statt, neue Verbindungen entstehen usw.

Der Aufbau der belebten Materie ist allerdings viel komplizierter. Eine von der Wissenschaft allgemein anerkannte Erklärung besagt, dass es sich dann um Leben handelt, wenn sich etwas selbst kopieren und damit verbreiten und fortpflanzen kann. Das kann ein Stück Eisen nicht, lebende Zellen aber können es. Das gilt für den primitiven Einzeller genauso wie für die Zelle im hochkomplexen menschlichen Körper. Sie bilden sich ständig millionen- und milliardenfach in unserem Körper neu, indem sie sich teilen und damit reproduzieren.

In einer Erklärung der NASA, die eine Kommission anerkannter Wissenschaftler im Jahre 2000 veröffentlichte, wird das Leben als ein chemisches System bezeichnet, das auf einer stofflichen Grundlage beruht. Es hat, so die NASA, die Fähigkeit, sich an eine veränderliche Umwelt anzupassen, denn Lebewesen vererben ihre Merkmale an ihre Nachkommen. Dabei kommt es durch Mutationen, also Veränderungen im Erbmaterial, immer wieder zu Fortentwicklungen, die sich durchsetzen, wenn sie für das Leben einen Vorteil bieten. Diese Art der Anpassung ist etwas, das leblose Dinge definitiv nicht können!

Angenommen, man wäre in der Lage, ein paar Atome oder Moleküle mit superwinzigen Instrumenten aus der menschlichen Haut zu nehmen, dann wäre dieses Teil für sich genommen nicht lebendiger als ein Sandkorn. Genauso ist es mit 1.000 anderen Bestandteilen des menschlichen Körpers.

Erst wenn sich viele unterschiedliche Stoffe in einem geschützten Raum, in einer menschlichen Zelle zum Beispiel, befinden, sich dort verbinden und bestimmte Aufgaben übernehmen, kann ein Prozess in Gang kommen, den man dann Leben nennt.

Die Bedingungen, damit Zellen entstehen und die ersten Schritte in Richtung Leben gemacht werden, sind allerdings auf der Urerde noch nicht gegeben.

Denn zuerst kommt:

Die große Flut

Die Geburtswehen der Erde dauerten mehrere Hundert Millionen Jahre. Ihre Oberfläche kochte bei über 1.000 Grad. Es blieb äußerst ungemütlich.

Doch langsam, aber sicher kühlte die Urerde ab. Der Beschuss mit Weltraumbrocken ließ nach, eine steinerne Kruste bildete sich auf dem Planeten. Die Vulkane blieben aktiv, spien Unmengen Feuer und Gas, die die Kugel in eine dichte Wolkendecke hüllte. Diese Uratmosphäre bestand, wie heute vermutet wird, zu 80 Prozent aus Wasserstoff.

Die Folge: Es begann zu regnen. Das war neu, denn bisher hatte es auf dem jungen Planeten noch nie geregnet. Es war einfach viel zu heiß für Wasser gewesen. Aber nun wurde dieses Versäumnis ausführlich nachgeholt: Sintflutartiger Dauerregen prasselte unaufhörlich auf die Erde nieder und das mindestens 40.000 Jahre lang, manche Wissenschaftler sprechen sogar von einer Million Jahre. Unwetterwarndienste hätten wohl neue Wörter erfinden müssen, um diese unaufhörlichen Fluten zu beschreiben.

Das Wasser entstammte eisigen Kometen oder kam aus umherirrenden Staubwolken, die von der nun nicht mehr ganz so kleinen Erde angezogen wurden. Langsam sammelten sich die Wassermassen und in ihnen jede Menge Salz. Aber wo kam es her? Es wurde aus der erkalteten Lava der Urvulkane ausgewaschen.

Zerstörung und Wiederaufbau?

Was die Kameras des androidischen Beobachters aufzeichneten, war ein pausenlos ablaufender Prozess des Verdampfens und Kondensierens auf dem Planeten; ein fortwährendes Gießen, das Prasseln ge-

waltiger Wasserfälle aus dem Himmel auf die Erde und das erneute
Verdampfen. Es war einfach noch viel zu heiß auf der Erdoberfläche,
als dass sich das Wasser hätte sammeln können.

Erst 10.000 Jahre später hat sich der Planet ein wenig abgekühlt.

Bilder zeigen die ersten Rinnsale und Pfützen, Bäche und Flüsse
entstehen; aus Pfützen werden größere Seen; die Aufzeichnungen
laufen weiter: Nach mehreren Millionen Jahren zeigen sie Wasser-
flächen von Horizont zu Horizont. Das Urmeer ist entstanden; Feuer
speiende Vulkane ragen heraus, bringen das Wasser an vielen Stellen
zum Kochen.

Das kochend heiße Urmeer gestaltete durch seine Auf- und Abbewegung
die Oberfläche des Planeten um: Krater wurden ausgewaschen, Küsten
entstanden, aus dem Urozean wurden große und kleine Meere, Flüsse,
Seen und Tümpel. Das führte zu Temperaturunterschieden, zu Stürmen
und damit zur Erosion. Vulkangestein zerbröselte, scharfe Zacken wurden
rund geschliffen, Hügel und Berge formten sich.

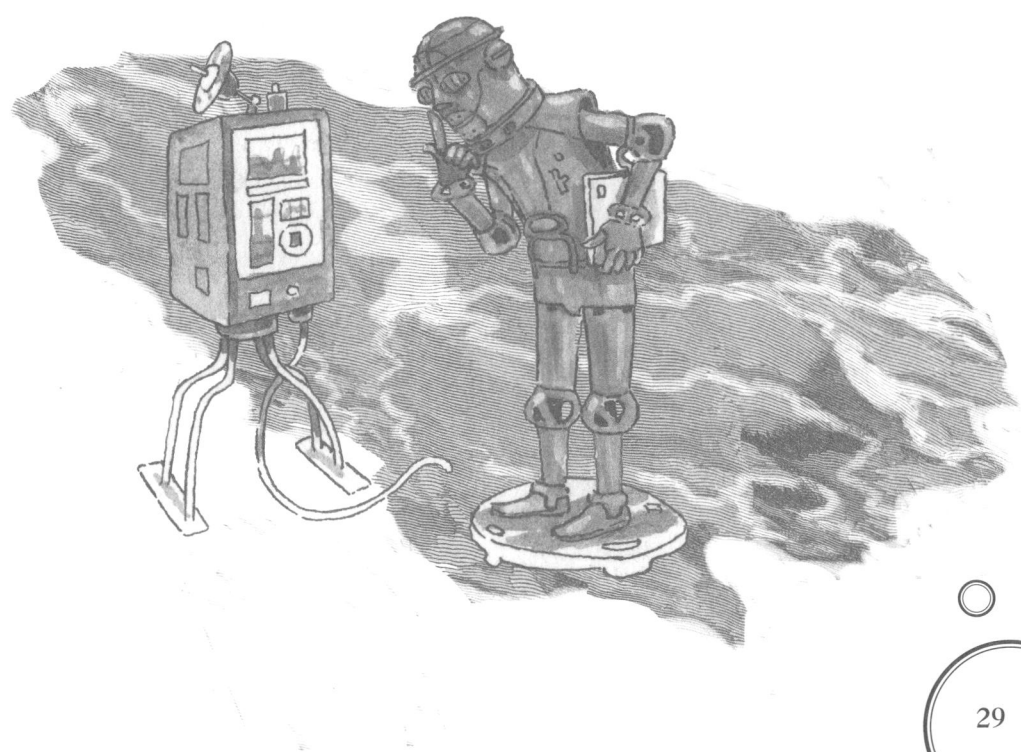

Der Androide macht sich in seinem silbernen Schiff zu einem weiteren Besuch im Sonnensystem auf. XaphoX kontrolliert die Beobachtungsstationen, wertet Filmmaterial aus, schickt Berichte an die Zentrale auf JFY11.

„Der Planet verändert immer noch sein Gesicht", meldet er.

„Gibt es einen Platz zum Landen?", fragt die Zentrale an.

„Viel zu gefährlich!"

Die Erdkruste ist noch nicht sehr tragfähig. Sie bricht unter dem Gewicht von Ablagerungen ein, die aus dem Weltraum kommen. Millionen und Abermillionen Tonnen Material sinken in den glühenden Untergrund. Dort schmilzt es, treibt wieder nach oben, wird zusammengebacken zu Basalt und Granit. Diese Gesteine haben sich im Laufe eines langen Prozesses vor vier Milliarden Jahren gebildet.

Aufzeichnung vor knapp vier Milliarden Jahren: Inseln entstehen nach einem Vulkanausbruch, treiben auf dem Ozean.

Millionen Jahre später: Die Inseln haben sich zu einem Kontinent zusammengeschlossen. Risse durchschneiden kreuz und quer die große Landmasse; ein Feuersturm wälzt sich über die Erde; Wasser strömt in die Spalten, riesige Dampfwolken hüllen den Planeten ein.

Später: Große und kleine Landmassen sind entstanden, Erdbeben zerstören sie wieder; gewaltige Erdschollen brechen auf, falten sich zu Gebirgen auf.

Alles ist in Bewegung auf der jungen Erde. Wie sie damals vor etwa vier Milliarden Jahren ausgesehen hat, weiß man nicht. Sicher kann man davon ausgehen, dass sich das Gesicht der Erde ständig wandelte. Das gilt bis heute. Wir merken es nur nicht in der relativ kurzen Zeitspanne eines Menschenlebens.

Noch kein Leben weit und breit

„Gibt es in der Gegend noch was anderes außer dem ganzen Chaos, das du uns übermittelst", fragt das Heimatbüro den im Sonnensystem kreuzenden Kundschafter.

„Bis jetzt habe ich in meinen Aufzeichnungen über das Objekt, den dritten Planeten vom Zentralstern aus gesehen, nichts entdecken können, was eine Landung oder einen Aufenthalt lohnen würde", antwortet XaphoX.

„Nichts Lebendiges? Nichts, was aus eigener Kraft läuft, hüpft, kriecht oder schwimmt? Wenigstens einen Wurm, eine Fliege, einen Frosch? Das wäre ja gerade das Interessante für unsere Kunden!"

„Bis jetzt nicht", meldet der Androide.

„Aber die Sache verändert sich dauernd?"

„Ja, es krachen allerdings nicht mehr so viele dicke Brocken auf die Oberfläche des Planeten. Wahrscheinlich ist das Material verbraucht oder die schweren Kaliber werden von anderen Objekten angezogen."

> Jupiter, der König der Planeten, wie er genannt wird, ist mit 142.000 Kilometern Durchmesser (die Erde hat rund 12.000 Kilometer) größer als alle Planeten des Sonnensystems zusammen. Entsprechend groß ist seine Anziehungskraft. Ein Glück für uns Erdbewohner: Dadurch lenkt dieser Riese die gefährlichen Geschosse, die unter Umständen auch die Erde treffen und sie schwer beschädigen könnten, auf sich. Bei der Schwerkraft gilt: Umso schwerer ein Objekt ist, desto größer ist seine Anziehungskraft.

„Wie steht es mit der Atmosphäre unseres Beobachtungsobjekts?"

„Die Geräte messen nur eine dünne Hülle aus Wasserdampf, Stickstoff, Methan und Kohlendioxid."

„Kein Sauerstoff?"

„Kaum nachweisbar, der steckt wohl in irgendeiner Verbindung."

Es dauerte eine sehr lange Zeit, bis sich die für das Leben tödliche Atmosphäre des jungen Planeten Schritt für Schritt umgewandelt hatte. In einem komplizierten chemischen Prozess, der Oxidation, reagierte der im Wasser gebundene Sauerstoff mit eisenhaltigen Mineralien, sodass er nicht in die Atmosphäre gelangen konnte. Erst als dieser Prozess abgeschlossen, die Mineralien gesättigt waren, konnte der Sauerstoff in die Atmosphäre gelangen.

Eine große Rolle spielten viele Millionen Jahre später, als sich die ersten Einzeller gebildet hatten, Cyanobakterien. Im Wasser heimisch, veränderten sie die Lebensbedingungen entscheidend, indem sie Kohlendioxid aus der Luft mithilfe von Licht in Sauerstoff und Wasser umwandelten. Und diesen Sauerstoff brauchen viele Lebewesen zum Atmen.

„Fahr die Sonden ins Wasser aus. Vielleicht tut sich da unten was."

Die Hermes gleitet über die Flächen des Urozeans. Seine Scheinwerfer durchleuchten das grünlich trübe Wasser. Mini-U-Boote werden abgeschossen und durchpflügen das Meer.

„Nichts", berichtet der Kundschafter nach einiger Zeit. „Wasser, Gestein, Risse, aus denen Lava quillt, das Wasser zum Kochen bringt, neue Inseln bildet. Der Meeresboden ist in dauernder Bewegung. Die Sonden finden nichts!"

„Gar nichts? Nichts zu machen? Nicht einmal irgendwelche Vorstufen, wie sie unsere Wissenschaftler überall in der Orion-Region schon gefunden haben."

„Bis jetzt negativ", meldet XaphoX.

„Auf dem Posten bleiben!", lautet die Anweisung der Zentrale.

Ungelöste Rätsel:
Eine Zwischenbemerkung

So intensiv bisher auch geforscht wurde, letztlich ist das Dunkel um den „biologischen Urknall", wie der Übergang von lebloser zu belebter Materie auch genannt wird, nicht erhellt. Alle ernsthaften Menschen, die sich darüber den Kopf zerbrachen und zerbrechen, vom Evolutionsbiologen zum Philosophen, sind sich darüber einig: Das Rätsel, wie sich lebendige Zellen entwickeln konnten, ist noch nicht gelöst. Man weiß es schlicht und einfach noch nicht, wie die ersten Einzeller entstehen konnten.

Irgendwann waren die ersten Einzeller auf jeden Fall da. Sie entstanden möglicherweise in der geschützten Tiefe des Urozeans. Sie stießen vielleicht zufällig zusammen, „beschnupperten" sich, beschlossen, sich näher kennenzulernen, und blieben zusammen.

Auf den nächsten Seiten werden drei Versionen über den Anfang vorgestellt.

> „Wie genau das erste Leben auf Erden entstand, ist uns für immer entzogen. Aber wir können zumindest erforschen, was damals möglich war."
> Jack Szostak, Molekularbiologe vom Klinikum der Harvard University und Nobelpreisträger des Jahres 2009

Erste Theorie:
In der giftigen Tiefe des Ozeans

Die Forscher, die 1977 mit dem Tauchboot „Alvin" in der Nähe des Galapagosarchipels unterwegs waren, trauten ihren Augen nicht! War man doch bis dahin der Meinung gewesen, dass sich in Tiefen jenseits von zwei bis drei Kilometern auf keinen Fall Leben ansiedeln könnte.

Denn dort unten, wo „Alvin" seine Forschungsfahrten unternahm, platzt die Erdkruste ständig auf. Flüssige Lava schießt heraus, wirbelndes, über 300 Grad heißes Wasser gurgelt nach oben, reißt Schwefel und andere Stoffe mit sich. Dazu schwarzer Rauch, der das Wasser verdunkelt. Diese Höllenschlote erhielten den Namen „Black Smoker". In ihrer hochgiftigen Atmosphäre würde sich kein Lebewesen dieser Erde auch nur eine Sekunde lang halten können, weil die Verhältnisse an manchen Stellen des Meeresbodens denen auf der frühen Erde vor 3,8 Milliarden Jahren ähneln. Dachte man zumindest bis zum Jahr 1977.

Leben, wo es eigentlich nicht existieren kann

Doch die Ergebnisse der Alvintauchfahrt elektrisierte die gesamte Fachwelt: Auf ihren Monitoren sahen die Wissenschaftler rund um diese Schlote mit ihrer völlig lebensfeindlichen Atmosphäre Kolonien von Lebewesen. Es waren insbesondere Bakterien, die sich von dem schwefelhaltigen Wasser ernähren. Für uns Menschen und die meisten anderen Lebewesen wäre

dieser Chemiecocktail auf der Stelle tödlich, aber die Bakterien wandeln das Gift um und es entstehen Nährstoffe, von denen sich wiederum Röhrenwürmer ernähren. Ganze Lebensgemeinschaften wurden seither in zahlreichen weiteren Erkundungsfahrten in der Tiefsee gefunden. Auf Filmen sieht man es nur so wimmeln von wurmähnlichen und vielfüßigen Tierchen, die sich in der giftigen Suppe sauwohl zu fühlen scheinen.

Der Schluss, den die Wissenschaftler aus diesen Tiefsee-Forschungen zogen, war folgender:

So hätte das Leben auf der Erde beginnen können. In der Umgebung jener heißen Quellen der Tiefseevulkane hätten sich Atome zu ersten einfachen Aminosäuren verbinden können.

Die Energie und die Rohstoffe aus dem Erdinneren standen unbegrenzt zur Verfügung, um einen viele Millionen Jahre währenden Prozess in Gang zu halten: Atome bilden Moleküle, erst einfache, dann etwas kompliziertere und längere Ketten, bis endlich nach milliardenfachen zufälligen Versuchen eine Zelle da war, die sich durch Teilung selbst kopieren konnte.

> Aminosäuren sind Bestandteile von Proteinen, von Eiweiß-Verbindungen, die als die Bausteine des Lebens gelten.

Damit war ein entscheidender Schritt auf dem Weg zur Entwicklung des Lebens getan: Vervielfältigen, Reproduzieren bedeutet auch Fortpflanzen als eine allererste Stufe des Lebens.

War es also so, dass die vulkanischen Gase, die aus dem Erdinneren strömten, den Beginn des Lebens ermöglichten? Schlossen sich in dieser lebensfeindlichen Welt die komplizierteren Moleküle zu Aminosäuren und dann zu Proteinen, den Lebensbausteinen, zusammen? Ließen dann nicht mehr voneinander, bildeten einen schützenden Mantel, die Zellwand, damit nur für sie Nützliches ins Innere gelangen konnte?

Kurz: Lebte da unten vor Milliarden Jahren schon was?

Schwefelfressende Bakterien – der Beginn des Lebens? Der Start zur Entwicklung von ersten Zellen und dann später zu Krebsen, Quallen, Fischen, Krokodilen, Blumen, Bäumen und Menschen?

Alles soll in der giftigen schwarzen Tiefe seinen Anfang genommen haben?

Schimpanse und Shakespeare

Der Zufall spielt für die Kritiker der Lebensentstehung eine viel zu große Rolle: Da könnte man ja gleich einen Schimpansen an die Schreibmaschine setzen und ihn wahllos darauf herumhacken lassen. Nach ein paar Millionen Jahren hätte man vielleicht die kompletten Werke Shakespeares in der Hand.

Bei genauerer Betrachtung wird jedoch klar, dass der Vergleich – so wunderbar anschaulich er auch ist – hinkt, denn die Evolution ist ziemlich schnell lernfähig. In gewisser Weise funktioniert sie wie ein Sieb, das nur zulässt, dass sinnvolle Anpassungen an die nächste Generation weitergegeben werden können. Aus diesem Pool der möglichst sinnvollen Anlagen sieht dann die nächste Generation wiederum nur das aus, was die Entwicklung begünstigt, und so geht das immer weiter. Fachleute nennen dieses Prinzip „kumulative Selektion" und meinen damit, dass langfristig gezielte Selektion den Zufall eindämmt.

Zweite Theorie:
Student Miller spielt Wettergott

In der Frühphase der Erdentwicklung gab es ungeheure Gewitter. Riesige Blitzspektakel waren die Begleiterscheinungen der Vulkanausbrüche. Schwere elektrische Entladungen schlugen pausenlos in die weiche Erdkruste und in die Urozeane ein.

Im Herbst 1953 steht ein 23-jähriger Student namens Stanley Miller (1930–2007) an der Universität von Chicago, im Labor seines Professors Harold Clayton Urey (1893–1981), der später mit dem Nobelpreis für Chemie ausgezeichnet werden sollte. Der Professor hatte Millers hartnäckigem Verlangen, ein bisschen Wettergott zu spielen, nachgegeben.

Miller, kurze Haare, Brille, weißer Kittel, hantiert mit Verbindungsschläuchen, die zu weiteren Gefäßen führen.

Als er einen Schalter umlegt, fließt Strom und Blitze zucken durch die Apparatur. So zeigt ihn eine Fotografie aus jenen Tagen. Die Ap-

paratur, die der Student aufgebaut hat, sieht ziemlich simpel aus, wenn man sie mit dem heutigen Hightech-Standard vergleicht. Man erkennt Flaschen, Glaskolben, ein Gitter, Regale.

Blitze in der Ursuppe

Miller wiederholt den Vorgang immer wieder und nach wenigen Tagen steht für ihn fest: Das Experiment ist gelungen. In seinen Glaskolben befindet sich als Folge der von ihm künstlich erzeugten Blitze ein chemisches Gemisch unter anderem aus Wasserstoff, Kohlenstoff, Stickstoff, Sauerstoff, Ammoniak. Diese „Ursuppe" soll es, so die Theorie, auch auf der Urerde gegeben haben. Hintergrund des Experiments von Miller und Urey war die Überlegung, dass die Atmosphäre der Erdfrühzeit eine entscheidende Rolle bei der Entstehung der ersten organischen Verbindungen gespielt hat. Orkane von gewaltiger Kraft durchmischten das Wasser ständig mit Gasen. Und weil die schützende Ozonschicht noch nicht vorhanden war, knallte Strahlung von der Sonne mit unvorstellbarer Energie auf die Erde und durchdrang sogar die Wasseroberfläche.

In Millers grünlicher Suppe, die sich nach den Blitzeinschlägen im Labor gebildet hat, zeigen sich für kurze Zeit unter anderem auch typische Molekülverbindungen wie Aminosäuren. Ohne sie, davon geht man aus, hätte sich das Leben auf der Erde nie entwickeln können.

Was war so faszinierend an Millers Experiment? War das Rätsel der Entstehung einer ersten Stufe von Leben nun wirklich gelöst?

Die Frage, wie aus toter Materie lebendige wird, schien nach Millers Experiment gelöst. Entsprechend klangen die Presseberichte in den 1950er-Jahren so, als sei nun alles geklärt: Bestimmte Substanzen in Glaskolben mischen, elektrische Funken einleiten, dann lange genug wie einen Cocktail schütteln und schon kommt etwas Lebendiges aus dem Gemisch herausgekrochen.

Millers Experiment fand Einzug in allen Lehrbüchern. Unter ähnlichen oder abgeänderten Bedingungen wurde es in vielen Labors der Welt wiederholt. Oft entstanden diese Aminosäuren zum Beispiel auch unter dem Beschuss von kosmischer Strahlung. Aber das, so die Kritiker, beweise letztlich nur, dass das Leben überall im Weltall seinen Anfang nehmen kann. Schließlich wurden in Kometen und Meteoriten ebenfalls solche Vorstufen gefunden. Und Bausteine alleine, so wurde bemängelt, machen noch lange kein ganzes Haus.

Denn niemals, auch nicht im Miller-Urey-Experiment zeigte sich die nächste Stufe der Lebensentwicklungsleiter. Die entscheidende Frage blieb: Wie verbanden sich die Moleküle (Aminosäuren) zu langen Eiweißketten (Proteinen)? Diese Proteine wiederum sind eine unerlässliche Voraussetzung für die Bildung einfacher Zellen.

Dritte Theorie:
Leben aus dem All?

Am 24. Juli 1969 gegen fünf Uhr landet eine Kapsel aus dem Weltraum auf dem Pazifischen Ozean und wird von dem Bergungsschiff Hornet an Bord genommen. Hinter dickem Glas sehen die Fernsehzuschauer in aller Welt drei Astronauten den wartenden Presseleuten zuwinken. Es handelt sich um Neil Armstrong und Edwin Aldrin, die ersten Menschen, die den Mond betreten haben, sowie Michael Collins, der die Kommandokapsel der Apollo 11 Mission gesteuert hat. Die Astronauten mussten nach der Landung auf der Erde Isolationsanzüge tragen und 17 Tage in einer Quarantänestation verbringen. Der Grund: Angst vor unbekannten Mikroorganismen aus dem Weltall.

Dass diese Angst durchaus begründet war, zeigte sich später, als die Apollo-12-Mission Reste einer Surveyor-3-Sonde, die auf dem Mond aufgeschlagen war, mitbrachte. Zum großen Erstaunen der Fachwelt brachten Untersuchungen zutage, dass eine Kolonie lebendiger Mikroben auch unter denkbar schlechten Bedingungen wie eisiger Kälte und tödlicher Strahlung überlebt hatte.

Mikroorganismen, umgangssprachlich auch „Mikroben" genannt, sind mikroskopisch kleine Lebewesen, die als einzelne Individuen mit bloßem Auge nicht zu erkennen sind. Ihre Größe unterscheidet sich stark. Beispiele für Mikroben sind Bakterien, zahlreiche Pilze, darunter auch Hefe, und Algen.

Im August 2004 feuern britische Wissenschaftler der University of Kent kleine Keramikstücke mit einer Gaspistole in eine Masse aus Gel und anschließend auf Eisblöcke. Die Geschosse waren mit Bodenbakterien „geimpft". Untersucht werden sollte, ob diese einfachen Lebensformen einen Aufprall mit fast 40.000 Stundenkilometern überstehen können. Das wäre etwa die Geschwindigkeit, mit der Gesteinsbrocken aus dem All auf die Erde aufschlagen, würden sie nicht von der schützenden Hülle aufgehalten und zum Verglühen gebracht werden.

Der Versuch ergab: Ein Teil dieser Bakterien konnte es durchaus. Demnach, so das Fazit der Wissenschaftler, wäre es vorstellbar, dass Mikroben aus dem All an Bord eines Meteoriten auf die frühe Erde hätten kommen können.

Diese beiden Ereignisse – Mikroben kehren lebend vom Mond zurück, Bakterien überstehen den harten Aufprall – beflügelte die Fantasie der Anhänger der „Panspermien-Theorie" (das heißt „überall verbreitete Samen"). Sie besagt, es sei sozusagen eine Infektion durch außerirdische Kolonien, die als blinde Passagiere auf einem Meteoriten auf die frühe Erde kamen. Demnach hätte das Erdenleben seinen Anfang im All genommen.

Sprangen v... ...ahren
winzige Lebe... ...r auf die Erde
und verbreiteten...

Sprangen vielleicht vor 3,8 Milliarden Jahren winzige Lebewesen vom Mars herüber auf die Erde und verbreiteten sich hier? Unser Nachbarplanet hatte damals mit seiner Atmosphäre aus Kohlendioxid und viel Wasser gute Bedingungen für Mikroben und Bakterien. Jedenfalls wäre dann der Weg zu uns nicht ganz so weit gewesen wie aus fernen Tiefen des Alls. Ein Hauptargument der Gegner dieser ganzen „Leben-aus dem-All-Theorie" wäre damit entkräftet. Sie sagen, eine Reise der frühen Lebensformen hätte schon allein wegen den unendlichen Entfernungen in unserer Milchstraße viel zu lange gedauert, als dass sie das überstanden hätten.

Selbstverständlich verlagert dieser Ansatz die Lösung des Rätsels um die Entstehung des Lebens nur. Denn egal wo, irgendwie muss es ja doch spontan entstanden sein …

Planeten „mit Leben impfen"?

Das Leben ist vom Weltraum als Geschenk auf die Erde gekommen. Also haben wir die Verpflichtung, es heute mithilfe unserer Technik im Weltraum auszubreiten. Das meinen zumindest manche Anhänger der Panspermien-Theorie. Besonders kurios ist in diesem Zusammenhang ein Ansatz von Professor Michael Mautner. Der neuseeländische Chemiker möchte versuchen, fremde Planeten wie den Mars „mit Leben zu impfen". Möglicherweise geschieht das auch bereits durch die Mars-Expeditionen, die Lebenskeime auf den Nachbarplaneten bringen.

„Die Expansion von Leben in die Milchstraße wird das Leben bewahren. So wird es dem Leben ermöglicht, neue Formen zu entwickeln und zu einer steuernden Kraft der Natur zu werden", sagt der Wissenschaftler vor dem Hintergrund, dass es wahrscheinlich nicht immer Leben auf unserer Erde geben wird. Das wird spätestens in rund fünf Milliarden Jahren der Fall sein, wenn der Brennstoff der Sonne verbraucht ist und sie unserem Planeten keine Energie mehr spenden kann.

„Die Expansion von Leben in die Milchstraße wird das Leben bewahren. So wird es dem Leben ermöglicht, neue Formen zu entwickeln und zu einer steuernden Kraft der Natur zu werden", sagt der Wissenschaftler vor dem Hintergrund, dass es wahrscheinlich nicht immer Leben auf unserer Erde geben wird. Das wird spätestens in rund fünf Milliarden Jahren der Fall sein, wenn der Brennstoff der Sonne verbraucht ist und sie unserem Planeten keine Energie mehr spenden kann.

Schleim

Auf der Urerde ist einige Zeit vergangen. XaphoX, der superkluge
Androide hat wieder neues Material ausgewertet. Folgendes meldet
er über den Zustand seines Beobachtungsobjekts an sein Büro:

„Scheint sich nicht viel getan zu haben seit unserem letzten Besuch. Der Planet wirkte öde und leer. Der Himmel ist schwer wie
Blei. Nichts rührt sich, außer den Wellen, die auf die nackte Lava
schlagen."

Nach einiger Zeit gibt er durch:

„Vulkanausbrüche. Messstationen zeigen Wasserdampf, Kohlendioxid, Methan. Die ganze Erde wird von dem Gemisch eingehüllt.
Nicht wirklich gemütlich auf diesem Planeten. Moment –!"

„Was ist?" fragt die Heimatstation an.

„Im Meer schwimmt allerhand Zeug herum, quallenartiger Schleim,
der sich immer mehr ausbreitet!"

„Zoom näher ran!"

„Sieht aus wie ein Teppich aus Mikroben."

„Was Lebendiges?"

„Scheinen Einzeller zu
sein. Riesige Mengen, die
im Meer schwimmen."

„Es geht also doch voran! Bleib auf Station!"

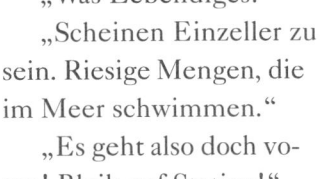

Was beobachtet wurde: Es hat sich ein Mikrobenteppich aus Schleim und ersten Einzellern auf dem Urozean gebildet.

Aus dem Weltraum gekommen?

Durch Blitze erzeugt?

Im kochend heißen lebensfeindlichen Schwefelwasser der „Black Smoker" geboren?

Die Fragen bleiben offen, doch an dieser Stelle ist entscheidend, dass irgendwann eine Vermehrung der Mikroorganismen eingesetzt hat. Moleküle suchten einander, stießen zusammen, reagierten aufeinander: Sie bildeten Ketten, brachen wieder auseinander, fanden sich erneut. In diesem Hunderte Millionen Jahre währenden Hin und Her wurden die Bausteine länger und komplizierter, bis sich jener quallenartige Schleim entwickelte, in dem sich Einzeller so wohlfühlten wie Embryos im Mutterleib. Bei diesem Prozess der Neuentstehung half der gewaltige Austausch von Energie auf der Urerde über und unter Wasser, das immer wieder stattfindende Aufwühlen des Meeres durch die Vulkane und Meteoriteneinschläge. Irgendwann war das da, was wir Leben nennen.

In d...
Hin ...
kon... wohlfühlten
entw... wie Embryos im Mutterleib. Bei diesem Prozess der Neuentstehung half der gewaltige Austausch von Energie auf der Urerde über und unter Wasser, das immer wieder stattfindende Aufwühlen des Meeres durch die Vulkane und Meteoriteneinschläge. Irgendwann war das da, was wir Leben nennen.

Die Zelle, das „Wunderwerk des Lebens"

Das Wort „Zelle" kommt aus dem Lateinischen „cellula", das heißt „kleine Kammer". Unser Körper besteht aus Milliarden dieser kleinen selbstständigen Kammern. Jedes Haar, jedes Stück Haut, jedes innere Organ hat Millionen davon, die alle selbstständig und auf die gleiche Weise funktionieren. Ohne sie wäre Leben nicht möglich.

Wie können die ersten Zellen entstanden sein?

Die Molekülketten in den Urmeeren waren sehr gefährdet. Sie besaßen keine Hülle, keine schützende Haut. Jeder äußere Einfluss, Wellen, Blitze, Temperaturschwankungen, konnte sie zerstören. Irgendwann umgaben sich die Moleküle mit einer Art Fettschicht. Ob das Zufall war oder schon die erste Entwicklung eines Schutzmechanismus, lässt sich nicht mehr nachvollziehen.

Diese „Membran", wie eine solche Trennwand zur äußeren Umgebung bezeichnet wird, lässt nur Nützliches herein und verwehrt Schädlichem den Zutritt. Sie wirkt wie ein ganz feiner Filter und fördert den Austausch von Stoffen zwischen innen und außen. Die ersten einfachen Zellen waren geboren. Es entstand der Urtyp einer biologischen Zelle.

Sogar noch vor dem Schutzschild hatte sich der Bauplan entwickelt, die RNS und als Weiterentwicklung die DNS. Mit deren Hilfe waren die Moleküle in der Lage, sich zu vervielfältigen.

Wie konnten die Urzellen überleben?

Ohne Energie geht gar nichts. Woher erhielten also die ersten einfachen Lebensformen, die Einzeller die notwendige Energie, um sich

Hilfsdienste für die Zellen und damit für das Leben

RNS (Ribonukleinsäure) sind Biomoleküle bzw. ganze Stränge davon, die eine wichtige Vorstufe bei der Lebensentwicklung darstellen. RNS-Stränge können Informationen speichern und chemische Vorgänge in den Zellen steuern. Sie stecken in manchen Viren, leisten aber auch in menschlichen Körperzellen entscheidende Hilfsdienste.

DNS (Desoxyribonukleinsäure) ist ein der RNS verwandtes, aber komplizierter aufgebautes Molekül, das sich in allen Lebewesen findet. Es enthält die Gene, die in bestimmter Reihenfolge angeordnet sind. Es sieht aus wie eine doppelte, in sich gedrehte Strickleiter (Doppelhelix ist der Fachausdruck). Die Gene sind für die biologische Entwicklung eines Lebewesens und für den Stoffwechsel in der Zelle notwendig. Bei jedem Menschen ist der DNS-Code etwas anders. Daher spricht man auch von einem genetischen Fingerabdruck, wenn ein Täter winzige Körperzellen am Tatort zurücklässt, aus denen man die DNS isolieren kann. Man verwendet auch die englischen Bezeichnungen RNA (ribonucleic acid) und DNA (desoxyribonucleic acid).

zu ernähren? Zunächst knackten sie andere Molekülketten auf und nutzten die dabei frei werdende Energie für das eigene Wachstum.

Doch, so wird heute vermutet, wäre das Leben bald wieder erloschen, wäre einer winzigen Algenart, der einzelligen Cyanobakterie nicht irgendwann ein genialer Coup gelungen: Sie nutzte die Energie des Sonnenlichts! Die Fotosynthese wurde erfunden. Darunter ist ein chemisch-physikalischer Prozess zu verstehen, bei dem ein Lebewesen Lichtenergie aufnimmt und diese in chemische Energie umwandelt.

Weitere Infos zur Fotosynthese

Sauerstoff ist ein Abfallprodukt. Rund 21 Prozent davon erfüllen heute die Luft und jedes einzelne Molekül entstammt der Arbeit dieser algenartigen Cyanobakterien der Urzeit und später der weiterentwickelten Pflanzen.
Keine Landpflanze oder Alge könnte ohne die Fähigkeit überleben, das Sonnenlicht zur Nahrungsgewinnung zu nutzen. Gleichgültig, ob der Prozess im Wasser oder auf dem Lande stattfindet.
Bei dieser Fotosynthese, der Umwandlung von Licht in chemische Energie, wird mithilfe des grünen Farbstoffs Chlorophyll und dem Sonnenlicht aus Kohlendioxid und Wasser, Zucker und Sauerstoff gewonnen. Letzterer war für die ersten Pflanzen nutzlos und daher gaben sie ihn an die Umwelt ab. Vor etwa 3,5 Milliarden Jahren ging es los mit der Fotosynthese und seit dieser Zeit wird die Erdatmosphäre mit dem für uns Menschen lebensnotwendigen Sauerstoff angereichert.

Wie ging es weiter mit der Zelle?

Auf die ersten einfachen Gesellen, die Prokaryonten, wie die Wissenschaft sie nennt (Bakterien sind solche Zellen), folgten die eukaryontischen Zellen (übersetzt ungefähr: „echte" Zellen). Ihr Aufbau mit Kern und sogenannten Organellen war viel komplizierter.

Wie geschah dieser Übergang?

Stärkere Zellen haben schwächere gefressen. Irgendwann, so wird angenommen, muss ein Bakterium im Bauch eines größeren überlebt haben, ohne dass es verdaut wurde. Mit viel Glück entwickelte sich dann eine Gemeinschaft zwischen der größeren und der kleineren Zelle in ihrem Inneren.

Brachte diese Gemeinschaft für die Zelle einen Nutzen?

Das musste wohl so sein. Der Wirt, die größere und stärkere Zelle in der Urzeit des Lebens nutzte die Möglichkeiten seines Gastes. Bei diesem handelte es sich um ein Bakterium, das einen besonders effektiven Weg gefunden hatte, um aus Nährstoffen Energie zu gewinnen. Der Kleine im Inneren des Großen funktionierte also wie ein Kraftwerk. In der Sprache der Wissenschaft nennt man das „Mitochondrium", das sich und dem Wirt die Energie zuführte. Dafür wurde es vom Großen vor Feinden beschützt.

Eine eigene Batterie

Die Tatsache, dass wir alle atmen, hat letztlich ihre Ursache darin, dass wir in unseren Zellen solche Kraftwerke haben. Vor Milliarden Jahren waren sie frei lebende Bakterien im Urmeer, die dann Dauergäste bis heute wurden und unter starken Mikroskopen zu sehen sind. Denn der Durchbruch war geschafft, als die Mitochondrien durch Vererbung an die nächste Generation weitergegeben wurden. Schließlich war es ein großer Vorteil gegenüber allen Konkurrenten, wenn Zellen einen besseren Energielieferanten dabeihatten. Zwar musste immer noch Nahrung gesucht werden, diese konnte aber dank der Gemeinschaft mit dem kleinen Gast besser verwertet werden. Die eurkaryontische Zelle, also jene mit dem Kern, hatte von nun an immer ihre eigene Batterie dabei.

Setzte sich das Prinzip der gegenseitigen Hilfe durch?

Ja, denn nun gab es genügend Energie. Das wurde zum Ausgangspunkt für neue Formen und Möglichkeiten. Auch wenn es sich immer noch um einzellige Lebewesen handelte, so konnte die Evolution in den Tiefen des Meeres nun eine Menge ausprobieren.

In den Mitochondrien, den Kraftwerken der Zellen, findet die sogenannte Zellatmung statt. Dabei wird Sauerstoff verbraucht. Letztlich müssen wir deshalb immer Luft holen, weil alle Vorgänge im menschlichen Körper Sauerstoff benötigen.

Die Kleinstlebewesen, die nun das Atmen gelernt hatten, vermehrten sich schnell. Ohne diesen Entwicklungsschub wären niemals vielzellige Lebewesen, also auch wir, entstanden.

Woher weiß die Zelle, was sie zu tun hat?

Alle Informationen über diese Stoffwechselprozesse und sonstige Aktivitäten der Zelle, der ganze Bauplan des Lebens sind in ihrer DNS enthalten.

Zusammengefasst: Was sind die Merkmale der Zelle?

Diese Zelle ist der Grundbaustein für das gesamte Leben, das es heute auf der Erde gibt. Ein einheitlicher Code verbindet die Menschen mit den Elefanten, den Bäumen, den Adlern, den Walen und den Spinnen.

Jede Zelle ist ein komplett eigenständiges, von allen anderen Zellen abgrenzbares System. Sie kann wie jedes andere Lebewesen auf dieser Welt Nährstoffe aufnehmen und sie in Energie umwandeln. Und vor allem: Sie kann sich durch Teilung kopieren und reproduzieren. Wobei noch einmal angemerkt sei, dass das höher entwickelte Leben nur durch den Verbund von Milliarden Zellen, die alle eine bestimmte Funktion zu erfüllen haben, möglich ist.

Gesteinsproben mit eingeschlossenem eukaryontischem Zellmaterial, gefunden in Kalifornien, Sibirien und andernorts waren zum Teil anderthalb Milliarden Jahre alt.

Rostkugel und Schneeball

 XaphoX' Beobachtungen auf der Erde zeigen das immer wieder durch Vulkanausbrüche und andere schwere Katastrophen veränderte Gesicht des jungen Planeten.

Weitere Bilder und Filme für das Tourismusbüro zeigen, wie sich die Farbe der Erde vor zweieinhalb Milliarden Jahren veränderte. Sie wurde im Laufe von Millionen Jahren ihrem kleineren Planetenbruder, dem Mars, immer ähnlicher.

„Was ist da los?", fragen die Auftraggeber von JFY11 nach. „Sieht aus wie eine Rostkugel. Was ist passiert?"

Die Erde rostete tatsächlich vor sich hin. Besser gesagt, die Eisenablagerungen im Gestein auf dem Land und im Meer färbten sich. Der Grund war der Sauerstoff, der von den Bakterien erzeugt wurde. Diese rostigen Eisenbänder kann man auch heute noch überall in der Erdkruste finden.

Nach dem Rost kam das Eis.

Ausrufe des Entzückens erschallen, als XaphoX den fernen Außerirdischen wundervolle Bilder zeigt: ein strahlend weißer Eis- und Schneeball zieht seine Bahn um den jungen gelben Stern, der erst viel später den Namen Sonne erhalten wird.

Vorher Rost, jetzt Eis und Schnee?

Der Treibhauseffekt

 Unsere Atmosphäre funktioniert wie ein Glashaus, auf das die Sonne scheint: Beim Treibhauseffekt wird wie in einem Glashaus die Sonnenenergie durch die Atmosphäre gefiltert. Durch bestimmte Eigenschaften wird weniger Wärme nach außen abgegeben als zugeführt wurde. So bleibt sie gespeichert. Die Lufthülle der Erde hat ähnliche Funktionen wie das Glas: Sie hält die Sonnenenergie fest und speichert sie.

Verändert sich die Atmosphäre, kommt es zu Störungen. Gegenwärtig erleben wir eine Aufheizung der Erde, da infolge vieler Industrieabgase die Schutzschicht undurchlässiger wird und zu viel Wärme gespeichert wird. Umgekehrt geschah es im Verlauf der Erdgeschichte, dass die Schutzschicht zu durchlässig wurde und eine Kälteperiode eintrat.

Die Schutzschicht löste sich auf, die Erde fror ein. Das Leben zog sich immer weiter in die ewige Finsternis der Meere zurück.

Das Unternehmen Evolution war äußerst gefährdet. Fast wäre es zu Ende gewesen, die Erde hätte als toter Himmelskörper wie einige komplett vereiste Monde des Jupiters ihre Bahn gezogen.

Aber da waren noch die Vulkane tief im Inneren der Erde. Sie arbeiteten unermüdlich weiter, füllten durch wieder neu entstehende Schlote die Luft mit Kohlendioxid. Der Treibhauseffekt setzte erneut ein. Die Temperaturen stiegen, der Schneeball schmolz. Bakterien kamen wieder heraus aus ihren geschützten Ecken und übernahmen die Herrschaft über die Erde.

Aber nun ist ein guter Zeitpunkt, um sich zurückzulehnen und sich noch mal vor Augen zu führen, was bisher in unserem Sonnensystem passiert ist und wie lange das ungefähr gedauert hat.

Die Geschichte unseres Sonnensystems in einem Jahr

Um eine Vorstellung von den Zeiträumen der Entstehung der Erde zu bekommen, wird in der folgenden Darstellung die Erdgeschichte in ein Jahr gepackt. Der jetzige Augenblick soll in dem Modelljahr der 31. Dezember um Mitternacht sein.

Neujahrstag des Musterjahrs

Vor ungefähr 5.000 Millionen Jahren (das sind fünf Milliarden) leuchtet die Sonne auf.

Sie war in den Millionen Jahren zuvor aus Sternenstaub entstanden, den Überresten einer gewaltigen Explosion eines Riesensterns.

Januar

Vor 4.600 Millionen Jahren (4,6 Milliarden) formt sich mithilfe der Anziehungskraft die Erde aus dem restlichen Material. Schwere Elemente wie Eisen sinken in die Mitte der Kugel, eine dünne Kruste bildet sich. Der Mond entsteht nach einem Crash mit einem Asteroiden. Schwere Vulkanausbrüche bilden eine giftige, lebensfeindliche Atmosphäre.

Februar / März

Vor 4.000 Millionen Jahren: Die zu Beginn noch sehr heiße Erde kühlt sich langsam ab.

März / April

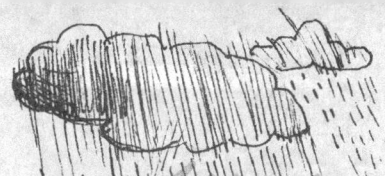

Vor 3.700 Millionen Jahren: Festere Gesteine bilden eine Kruste. Es regnet viele Tausend Jahre lang. Die große Flut lässt Flüsse und Ozeane entstehen. Verwitterung tritt auf. Organische Moleküle entstehen.

April

Vor 3.600 Millionen Jahren: Moleküle haben sich zu ersten einfachen Zellen organisiert. Die Einzeller sind in den Meeren, Tümpeln und Teichen auf dem Vormarsch. Die Zellteilung wird „erfunden".

Vor 3.500 Millionen Jahren: Das Gesicht der Erde prägt sich immer stärker. Lava bildet die Sockel der späteren Kontinente. Die Zellen entwickeln sich weiter, der genetische Code als Beginn des heutigen Lebens taucht auf.

Mai

Vor 3.000 Millionen Jahren: Landflächen wachsen, Berge entstehen.

Mai / Juni

Vor 2.500 Millionen Jahren: Die Fotosynthese der Bakterien beginnt, Sauerstoff wird ins Meer und später in die Luft freigesetzt. Die Erde wird rostig.

Juni

Vor 2.200 Millionen Jahren: Die Erde gefriert für lange Zeit zum fliegenden Eis- und Schneeball.

Vor 2.000 Millionen Jahren: Die Entwicklung der Zellen mit Kern, der Eukaryonte, beginnt. Die Sauerstoffanreicherung der Atmosphäre ist fast beendet, Luft zum Atmen ist da.

Juli

Vor 1.300 Millionen Jahren war die Superzelle fertig. Die Evolution war bereit, einen nächsten Sprung zu machen.

Gebirge bilden sich auf der Erde, weil Ablagerungen durch Bewegungen im Erdinneren nach oben gedrückt werden.

Juli/August

Vor 1.000 Millionen Jahren: Die ersten Versuche der geschlechtlichen Fortpflanzung. Sex (Befruchtung von Eizellen) statt Klonen (Teilung).

August/September

Vor 600 Millionen Jahren: Bis zu diesem Zeitpunkt herrschten die Einzeller über den Planeten. Das Leben spielte sich nur im Meer ab.

November

Vor 550 Millione bis 480 Millionen Jahren vor unserer Zeitrechnung: Jetzt geht es richtig los! Die biologische Explosion im Kambrium erfolgte. Der Name für die lebensgeschichtlich so wichtige Periode stammt von Cambria, dem lateinischen Namen für Wales.
Dort wurden Ablagerungen aus jener Zeit untersucht.

Ende November

Die ersten Pflanzen besiedeln das Land.

Zweiter Teil

Von Mehrzellern, Echsen und Mäusen

Gemeinsam sind wir stark

Der Biologe H. V. Wilson von der Beaufour-Harbour-Universität befasste sich im Sommer 1907 mit Untersuchungen über die Regene-
rationsfähigkeit („Wiederherstellung") von Gewebe. In einem Experiment hatte er einen roten lebenden Schwamm in winzige Stücke
zerschnitten, in einen Stoffbeutel gelegt und in eine Schüssel mit
Meerwasser gehängt. Danach drückte er den Musselinstoff vorsichtig
aus, leuchtend rote Zellen strömten in dichten Wolken aus dem Stoff
ins Wasser, bis der Beutel leer war und der Schwamm als feine
Schicht auf dem Boden der Schüssel lag. Der Schwamm, an den Aus-
ternbänken der Ostküste Nordamerikas zu finden, war in seine Einzelteile, sprich Einzelzellen zerlegt.

Kurze Zeit danach bahnte sich für den Forscher eine Sensation
an: Die winzigen Zellen strebten wie auf ein geheimes Kommando
wieder zueinander und begannen, sich zu Klumpen zusammenzu-
schließen. Dieser Prozess ging weiter und das Erstaunlichste dabei

war: Jede Zelle übernahm wieder die Position in dem Gefüge des Schwammes, die sie schon zuvor gehabt hatte.

Nach ungefähr einer Woche hatte der Schwamm wieder seine ursprüngliche Form.

Später wiederholten Wilson und viele andere Wissenschaftler dieses Experiment mit anderen einfachen Lebensformen, zum Beispiel mit Polypen. Stets konnte man denselben Effekt beobachten: Die einzelnen Zellen strebten wieder zusammen. Es war so, als würden sie sich alleine unwohl und vor allem ungeschützt fühlen. Sie suchten schnell wieder die Gemeinschaft der anderen und übernahmen ihre alte Funktion.

Das einfache Experiment war ein gutes Beispiel für das, was sich vor Millionen Jahren im Ozean abspielte: Das Leben lief von den Einzellern weiter zu den ersten vielzelligen Organismen, dann zu den Wirbeltieren, zu den Fischen, zu den Menschen.

Stillstand der Biologie?

Milliarden Jahre war auf den ersten Blick so gut wie nichts passiert. Die Einzeller, hatten sich tief ins Dunkel der Meere zurückgezogen. Das ging auch gar nicht anders, denn an der Oberfläche des Ozeans hätte man ja nur die Wahl gehabt, zu erfrieren, von Meteoriten erschlagen zu werden, in der Lava der Vulkane zu verbrennen oder andere, wenig angenehme Todesursachen zu erleiden.

Über zwei Milliarden Jahre gab es nur die Einzeller im Meer. Sie hatten alles, was sie brauchten. Sie wussten, sich zu ernähren, sie hatten sich bisher an jede Veränderung der Lebensbedingungen angepasst, teilten sich und lebten danach als Mutter- und Tochterzellen weiter.

Gab es da einen Stillstand in der Evolution? Nicht unbedingt. Die Fossilien der Einzeller sagen meist nur etwas über deren Form aus. Doch ihr Stoffwechsel entwickelte sich ständig fort.

Allerdings waren auch schon Räuberzellen unterwegs, die sehr viel größer und stärker als ihre Nachbarn waren. Sie verleibten sich gerne die Kleineren ein. Jäger und Beute bildeten dann zusammen eine nützliche Gemeinschaft: Die einen schützten, die anderen arbeiteten brav als Kraftwerk.

War doch wunderbar! Lief bestens! Hätte ohne Weiteres so bleiben können! Auch als sich die Erde wieder erwärmte und sich die Urkontinente Pangaea und später Gondwana bildeten. Aus Gondwana entstand Südamerika, Afrika, Madagaskar, Antarktis, Australien und Indien. Es hätte niemanden interessiert – außer XaphoX natürlich –, ob es jemals auf dieser Erde etwas anderes als Einzeller gegeben hätte.

Übrigens hat man aus der Zeit vor der sogenannten kambrischen Explosion vor 600 Millionen nur ganz wenige Fossilen gefunden. Nichts, was auf weiterentwickeltes Leben auf der Erde hingedeutet hätte. Keine Hörner, Zähne, Klauen oder Knochen. Die Wissenschaftler waren vor allem auf Vermutungen angewiesen.

Was mir nützt, nützt auch dir!

Wie kam es zu den ersten Zellkolonien?

Vorstellbar ist, dass die perfekte Teilung nicht immer gelang. Mutter- und Tochterzelle blieben aneinander haften. Erst zwei, dann vier, dann noch mehr. Infolge irgendeines Defektes, einer Veränderung (Mutation) kamen sie nicht mehr auseinander. Es zeigte sich aber, dass es gar nicht schlecht war, sich auf diese Weise zu vergrößern und ein Bündnis gegen die verfressenen Feinde zu schließen. Das Beispiel einer Siedlerkolonie drängt sich auf, die sich in feindlichem

Wir, die Menschen, leben auch in einer sehr sinnvollen Gemeinschaft mit den Bakterien. Viele Millionen davon befinden sich allein in unserem Darm, wo sie unsere Nahrung verarbeiten.

Gebiet einrichtet und sich durch einen hohen Zaun schützt. Die Evolution nutzt den Zufall, um auszuprobieren, was das Nützlichste im Überlebenskampf ist. Dann entwickelt sie es fort, bis es schließlich bestehen bleibt. Denn es überleben die, die am besten zurechtkommen. Die Einzeller verabschiedeten sich aber selbstverständlich nicht vom Planeten. Es gibt sie ja heute noch in zahllosen Formen.

Spezialisierung

Ein entscheidender Sprung zu den komplexeren Lebewesen war die Spezialisierung. In den Zellkolonien waren Einzelne für bestimmte Aufgaben zuständig. Ein beliebtes Beispiel sind die Grünalgen („Volvox"). Manche Zellen bilden die Wände, andere die sogenannten Geißeln, mit denen sich die Alge vorwärtsbewegt. Andere Gruppen sind für die Nahrungsverarbeitung zuständig, wieder andere koordinieren das Ganze. Diese Kolonien funktionieren ein wenig wie ein Ameisenstaat, in der jede Ameise eine bestimmte Aufgabe übernimmt, damit der Staat funktioniert.

Zellen in Zellkolonien haben aber im Gegensatz zu Mehrzellern keinen gemeinsamen Stoffwechsel, sie könnten also auch noch als Einzeller überleben.

Um es zusammenzufassen: Nach der großen Kälte ging es erst richtig los mit der Evolution.

Die Böden der Meere waren überzogen mit einer Schicht aus abgestorbenen Cyanobakterien. Die Sonne durchflutete die Meere, es war warm geworden. Wir sind im Kambrium, so die wissenschaftliche Bezeichnung dieses Erdzeitalters, das vor ungefähr 550 Millionen Jahren begann.

Leben und leben lassen!

Der außerirdische Späher reibt sich verwundert die Augen: Er ist Zeuge einer biologischen Revolution.

„Hier hat sich eine Menge getan", meldet der Beobachter, der mit der Hermes wieder in unserem Sonnensystem vorbeischaut.

Er schickt Bilder in die Heimat, auf denen sich das Meer zurückgezogen hat, kuppelartige Gebilde sind zu sehen.

„Was soll das sein?", fragt die Zentrale auf JFY11.

„Sieht aus, als sei das von irgendjemandem gebaut worden."

Die Cyanobakterien begannen vor rund drei Milliarden Jahren, diese Gebilde aus Kalkausscheidungen aufzuschichten. Diese ältesten Spuren aus der Entwicklungsgeschichte des Lebens nennt die Wissenschaft Stromatolithen. Man findet sie heute noch an manchen Küsten Australiens.

„Viele grüne Inseln auf dem Ozean", berichtet XaphoX, der mit seinem silbernen Pfeil über das Wasser gleitet. „Sieht inzwischen gar nicht mehr öde aus. Da tut sich allerhand … Wahnsinn! Tolles Gewimmel, eine Vielfalt von lebendigen Formen!"

Nun traut sich XaphoX sogar, seine Sonden direkt auf der Erde auszusetzen. Sie sammeln fantastische Bilder:

Krabben, Krebse verschiedener Größe, manche mit Kiemen und Flossen, Würmer winden sich im Sand, Tausendfüßler und höchst bizarre Gestalten treiben im Wasser, zucken, sausen hin und her. Manche sehen aus wie Schuhsohlen mit Rüsseln, andere wie dünne Bleistifte auf Beinchen, wie dünnhäutige schwebende Fallschirme, wie Schultüten mit Tintenfischarmen, wie Schnecken mit Kopfhörern.

Und jede Menge Schwämme in bunter Vielfalt sind zu sehen, auch Algen, Korallen, muschel- und zwiebelähnliche Formen, teils durchs Wasser treibend, teils fest im Meeresboden verankert.

„Es sieht aus", meldet der Beobachter der Zentrale nach einiger Zeit, „als kämen sie einigermaßen friedlich miteinander aus."

Wenn Mr Walcotts Pferd nicht gestrauchelt wäre

Im Herbst 1909 ritt der Paläontologe Charles Walcott (1850–1927) auf einem Pfad am Burgess-Pass in den kanadischen Rocky Mountains. Sein Interesse galt bestimmten Gesteinsformationen, die sich vor rund 570 Millionen Jahren im Kambrium gebildet hatten.

Jahrzehnte zuvor war seine Leidenschaft für das Sammeln von Fossilien erwacht. Damals hatte der 20-Jährige auf der Ladefläche eines Pferdewagens gesessen, der nach Trenton im Nordosten der USA fuhr. In einem trockenen Flussbett spaltete das Rad einen Sandstein und Charles entdeckte etwas, das hier seit mindestens 400 Millionen Jahren eingeschlossen war: einen versteinerten Trilobiten.

Trilobiten sind Gliederfüßler, von denen man zahlreiche Überreste entdeckt hat. Diese vielgestalteten Lebewesen bevölkerten vor 550 Millionen Jahren die Ozeane. Walcott, der zum hoch angesehenen Wissenschaftler wurde, beschrieb sie in seinen Aufsätzen.

Als bei jenem Ausflug 1909 sein Pferd strauchelte und Walcott beschloss, eine Pause einzulegen, machte er das, was Geologen meist tun: Er spaltete mit seinem Hammer ein Stück Schiefer, das von einer höheren Stelle herunter auf den Pfad gefallen war. Sein Blick fiel auf silbrig schimmernde Abdrücke im Gestein. Walcott wusste sofort: Dieser Fund wird große Wellen schlagen. Im Schiefer fanden sich die fossilen Spuren von Meerestieren. Wie bei so mancher großen Entdeckung hatte auch hier der Zufall seine Finger im Spiel, etwas zu finden, von dem kein Wissenschaftler jemals geglaubt hatte, dass es möglich sei: einen Beleg für die Geschöpfe, die als Bindeglied zwischen den Einzellern und der Hauptentwicklungslinie des Lebens galt, die letztlich zur Spezies Mensch führte.

Wie konnte es so etwas geben? Immerhin liegt die Schieferschicht am Burgess-Pass 2.000 Meter über dem Meeresspiegel. Doch vor langer Zeit war der Pass noch eine Schlammbank unter der Meeresoberfläche. Ihre versteinerten Lebewesen wurden zur Schatzkammer für Paläontologen auf der ganzen Welt. Sie zeugten von einem Leben vor vielen Millionen Jahren auf einer Unterwasserklippe, die immer wieder von Schlamm überschüttet worden war. Die Bewohner wurden aufgrund dieser Katastrophen in tiefes, sauerstoffloses kaltes Wasser gerissen, wo sie nicht verwesten, sondern später, als der Schlamm zu Schiefer zusammengepresst wurde, erhalten blieben. Im Verlaufe der Jahrmillionen veränderte die Erde ihr Gesicht. Der Schiefer hob sich und das, was einst unter der Meeresoberfläche lag, wurde zum 2.000 Meter hohen Gipfel.

Das Tierchen, dessen Abdruck Walcott in der Höhe gefunden hatte, besaß eine Art Geweih und zarte Beinchen mit Kiemen. In der folgenden Zeit wurden Zeugnisse von einer Unzahl der bizarrsten Lebewesen im Schiefer entdeckt. Kein Animationsfilmer, der einen fantastischen Film mit Aliens und anderen Fabelwesen in einer außerirdischen Welt dreht, hätte sie sich besser vorstellen können.

Ohne die Entdeckung des Burgess-Schiefers wäre diese entscheidende Epoche der Evolution im Dunkeln geblieben, schreibt die SÜDDEUTSCHE ZEITUNG (am 28. August 2009). Sie zitiert den Wissenschaftler Richard Fortney vom Naturhistorischen Museum in London:
❞„Es war, als ob ein Bühnenvorhang mit einem Ruck aufgerissen wurde." Erst der Blick in den Burgess-Schiefer habe gezeigt, „wie viel reicher die Welt einst war und wie viel weniger berechenbar".❝

Fressen und gefressen werden!

Das Raumschiff des Androiden fliegt über eine Bucht mit seichtem, weitgehend klarem Wasser. Die Kameras erfassen den gesamten Meeresgrund. Würmer kringeln sich im Sand, Schnecken hinterlassen ihre Spuren, unzählige kleine Lebewesen kriechen zwischen den Steinen. Alles wirkt friedlich, kein Feind in Sicht.

Wirklich? Von links kommt ein längliches Tier geschwommen. In seinem Panzer spiegelt sich das einfallende Sonnenlicht. Es verharrt einen Moment hinter einem Stein, sondiert die Umgebung. Danach liegt es reglos auf der Lauer. Sein Dutzend Beinpaare zuckt erwartungsvoll, Antennen am Kopf des Tieres richten sich aus, Facettenaugen drehen sich hierhin und dorthin, stehen dann still. Welche Beute ist am leichtesten zu greifen?

Plötzlich schießt der Jäger los, wirbelt Sand auf, schnappt sich blitzschnell einen Wurm und verschlingt ihn.

Evolution bedeutet eine langsame Entwicklung innerhalb einer Art. Der harte Konkurrenzkampf um Nahrung und das Überleben sowie die Vererbung sorgen dafür, dass Schritt für Schritt Veränderungen innerhalb einer Art stattfinden.

Was der außerirdische Beobachter zu jenem Zeitpunkt im Kambrium filmt, ist die Aufrüstung der Evolution mit neuen Waffen. Denn im Meer ist der Krieg ausgebrochen. Bisher konnte noch kein Lebewesen, kein Weichtier, kein Wurm und keine Schnecke seine Umgebung optisch wahrnehmen. Augen waren noch nicht „erfunden". Erst die Trilobiten hatten welche. Mit ihren aus vielen Einzellinsen bestehenden Facettenaugen konnten sie sehen, ob die Sonne schien oder ob es dunkel wurde im Urozean. Das Sehvermögen wurde immer besser und irgendwann wusste das Tierchen sofort, wann Beute vorbeischwamm.

Je mehr Fossilienfunde im Burgess-Schiefer und an anderen Stellen des Erdballs (Australien, China, England usw.) gemacht wurden, desto deutlicher wurde, dass die Kambrium-Lebewesen mit Schale, Panzer und Knochen gut für den harten Überlebenskampf ausgestattet waren. Die räuberischen Fresser schärften ihre Waffen. Ihre Klauen, Zähne, Greifwerkzeuge und Panzer wurden härter, um die Beute im Nu zu packen und zu verschlingen. Sie entwickelten Antennen und andere Sinnesorgane, um schon von Weitem jede Bewegung wahrnehmen zu können. So schnell konnten die Krebse gar nicht weglaufen, wie sie von den Greifern der „Opabinia", einem fünfäugigen Tier, das auf dem Meeresboden herumkroch, gepackt wurden.

 Sieht man sich ein Bild des urzeitlichen Geschöpfes Opabinia an, dessen Abdruck am Burgess-Pass gefunden wurde, erkennt man fünf stielförmige Augen, die nach Beute Ausschau halten. Angeblich haben sich die Wissenschaftler auf einem Kongress 1972 sehr amüsiert, als eine Rekonstruktion von Opabinia vorgestellt wurde. Das Tierchen sah einfach zu putzig aus.
Auf das Kambrium folgte vor rund 490 Millionen Jahren das Ordivizium, in dem wiederum eine Reihe neuer Lebewesen auftauchte.

Dass es zuvor in der Weiterentwicklung des Lebens zwei Milliarden Jahre lang keine Bewegung gegeben hatte, ist lediglich eine Vermutung. Es haben sich aber absolut keine fossilen Funde größerer Tiere aus der Zeit bis vor etwa 600 Millionen Jahren (also vor dem Kambrium!) finden lassen. Die Welt gehörte bis dahin den Einzellern, bis die Explosion des Lebens stattfand.

Tarnung und Verteidigungstechnik

Kaum hatten die Räuber ihr Waffenarsenal (Zähne, Augen, Klauen) entwickelt, ging der Rüstungswettlauf auch schon in eine neue Runde. Die bisher schutzlosen Opfer wurden von der Evolution mit Panzern, Stacheln und Tarnungstechniken ausgestattet.

MIMIKRY: Schutzmechanismus mancher Tiere und Pflanzen. Sie passen sich in Gestalt und Farbe solchen Tieren an, die von ihren Feinden gefürchtet werden. Zum Beispiel nehmen etliche Insekten die Farbe von Wespen an, um vorzutäuschen, dass sie stechen können. Es ist eine Form der Abschreckung.

 MIMESE, eine andere Schutzmöglichkeit, funktioniert ähnlich: Hier geht es auch um Tarnung durch Farbe und Zeichnung, allerdings um sich zu verstecken. Ein klassisches Beispiel ist das Chamäleon, das die Farbe des Untergrundes annimmt, um vom Feind nicht entdeckt zu werden.

Nun meldeten Reizsensoren auf der Haut feindliche Annäherung: Wenn du mich fressen willst, bist du selber dran! Und wenn der Räuber es trotzdem versuchte, bekam er eine Ladung Gift verpasst.

Nur die Stärksten konnten überleben. Trotzdem entwickelte sich das Leben in seinen zahlreichen Varianten weiter. Daran konnten auch große Massensterben nichts ändern, wovon es mehrere in der Geschichte der Erde gab. Waren es Schwankungen des Klimas und damit plötzliche Abkühlungen des Meeres? Bei einem großen Sterben vor 360 Millionen Jahren verschwanden fast 80 Prozent aller Fische, wie paläontologische Untersuchungen zeigten. Waren die Verschiebungen der Kontinente schuld, Gletscherbildungen oder Einschläge riesiger Objekte aus dem All?

Erstes Schnuppern in Richtung Land!

Im seichten Uferschlamm treibt sich eine Reihe von Lebewesen herum. Sie schnuppern den Sauerstoff in der Atmosphäre. Grünalgen recken und strecken sich Richtung Strand und Felsen. Alle wollen neuen Lebensraum erobern; wollen weg aus dem Gedränge unter Wasser. Sie sind den ewigen Kampf mit den Feinden, die ihnen ans Leder wollen, verdammt leid. Sie wollen endlich ihre Nachkommen in Ruhe großziehen.

Ob diese Meeresbewohner in diese Richtung gedacht haben, ob zu diesem Zeitpunkt überhaupt schon viel gedacht wurde, wie wir das heute verstehen, ist fraglich. Hoch entwickelte Gehirne gab es noch nicht. Allenfalls eine unbestimmte Anzahl von speziellen Nervenzellen, welche die Überlebensinstinkte steuerten. Jene Wesen, die an Land wollten, folgten diesen Instinkten. Eine lange andauernde und verlustreiche Expedition stand kurz bevor.

Die Erfindung von Männlein und Weiblein

Einzeller konnten sich fortpflanzen, indem sich die Zelle oder genauer gesagt ihre Erbinformation, die DNS, in ihr in gleiche Teile kopierte.

Gene sind bestimmte Molekül-Anordnungen auf dem DNS- oder RNS-Strang. Sie bestimmen die Erbanlagen eines Lebewesens. Menschen tragen in ihren Zellen 20.000 bis 50.000 Gene. Die Gesamtheit aller Gene wird als Genom bezeichnet.

Die neuen Einzeller teilten sich wieder, die nächste Generation erneut, und das ging unbegrenzt so weiter. Eine endlose Reihe von Klonen! Schon nach einigen Dutzend Teilungsvorgängen entstehen Trillionen von Zellgenerationen. Jeder kann sich ausrechnen, dass bei dieser Fortpflanzungsmethode die Urozeane übergequollen wären. Das war natürlich nicht der Fall, da nur die wenigsten Nachkommen überlebten. Manche fanden nicht genug Nahrung, andere wurden von Räubern verspeist.

Abgesehen davon gab es beim Kopiervorgang kaum Fortschritte. Jede Zelle sah fast immer aus wie ihre Mutterzelle. Manchmal gab es Mutationen, also Abweichungen beim Kopieren der DNS. Oft waren diese Veränderungen von Nachteil für die Zelle und sie starb. Manchmal jedoch sorgte die Mutation dafür, dass die Zelle besser an die Umwelt angepasst war. Mit dem Einzug der Vielzeller ergab sich noch eine Neuerung. Die Evolution hatte Arbeitsteilung und Spezialisierung der Zellen „erfunden". Es gab Muskelzellen, sauerstoffatmende Zellen, chemische Fabriken, Knochengerüstzellen und so weiter.

Doch es kam ein Zeitpunkt, da zogen diese komplexen vielzelligen Kleinstlebewesen ihren Nachwuchs im Inneren der Zellkolonie auf.

Bei einem Embryo beginnen dessen verschiedene Zelltypen beispielsweise für Hände, Knochen, Augen, Blutköperchen kurze Zeit nach der Befruchtung bereits zu wachsen. Alle haben denselben Grundbaustein, das in jeder Zelle aufgerollte DNS-Molekül, auf dem sämtliche Erbinformationen festgelegt sind. Dieser Bauplan weist jeder neuen Zelle ihre Aufgaben zu. Das gilt für alle mehrzelligen Lebewesen, für den Menschen ebenso wie für den Fadenwurm.

Im Zuge der Spezialisierung entwickelten sich bestimmte Zellen, die zur Fortpflanzung fähig waren: Keimzellen, größere Eizellen, die fest in ihrem Organismus saßen, und kleinere, die umhersausten und die größeren mit dem Erbgut befruchten konnten.

Da haben wir die ersten Spermien der Weltgeschichte!

Wenn sie aus ihrer eigenen Zellkolonie durch die Hülle herausschossen und die Eizellen der benachbarten Kolonie befruchteten, wissen wir, worum es geht: um Sex.

Dieses Prinzip der sexuellen Fortpflanzung hat sich in der Natur durchgesetzt. Über 90 Prozent aller Lebewesen praktizieren es. Das gilt für den Elefantenbullen genauso wie für den Hirschkäfer oder aber den Menschen.

Aber was macht dieses Prinzip denn eigentlich so erfolgreich? Durch die sexuelle Fortpflanzung wird das Erbgut immer neu variiert. So entstehen Individuen einer Art, die mit den anderen Individuen konkurrieren. Dabei können sich nur die bestangepassten Individuen durchsetzen. Das nennt man natürliche Selektion.

Männlein und Weiblein waren erfunden, die Eizelle wurde durch die Spermien befruchtet. Es gab bei dieser Fortpflanzung keine vollkommen identischen Klone mehr. Hier mischten sich verschiedene Erbanlagen: Eine unendliche Vielfalt des Lebens mit immer neuen Varianten nahm ihren Anfang.

Manche Pflanzen und Tiere, zum Beispiel Blattläuse, einige Eidechsen- und Schneckenarten können sich ohne Befruchtung fortpflanzen. Durch bestimmte Hormone, die bei Lebewesen die Informationsüberträger sind, wird der unbefruchteten Eizelle nur „vorgespielt", sie sei befruchtet. Sie beginnt, sich zu teilen, und reift zu einem neuen Organismus heran. Diesen Vorgang nennt man Parthenogenese. Das Wort kommt aus dem Altgriechischen und bedeutet so viel wie „Jungfrau", aber auch „Entstehung, Geburt".

Sterben gehört zum Programm

Einzeller, die sich immer eins zu eins teilen, sind sehr langlebig, wenn sie stets in den gleichen Bedingungen leben. Immerhin findet man heute noch Bakterienarten, deren Vorfahren bereits vor über drei Milliarden Jahren in den Urmeeren entstanden sind.

Für die Weiterentwicklung bringt das allerdings wenig, denn alle Kinder haben fast immer die gleichen Eigenschaften. Sie können sich an veränderte Lebensumstände nur sehr langsam anpassen.

Würmer, Krebse, Fische und alle anderen vielzelligen Lebewesen, die im Kambrium auftauchten und sich durch sexuelle Fortpflanzung vervielfältigten, alterten und starben irgendwann.

Der Prozess des Alterns und der Tod einzelner Lebewesen, aber auch ganzer Arten begann. Die Evolutionsbiologen rätseln, wie lange eine Art überleben kann. Es gab in der Geschichte des Lebens große Massensterben infolge von klimatischen Veränderungen, schweren Naturkatastrophen oder durch kosmische Einschläge. Über 90 Prozent aller Arten sollen im Laufe der Jahrmillionen ausgestorben sein. Irgendwann kann es auch die Spezies Mensch treffen.

Zeittafel

Anfang Dezember

Vor 500 Millionen Jahren: Entwicklung zahlreicher Tiere, zum Beispiel der Wirbeltiere, Fische, Krebse, Würmer, verschiedene Gliederfüßler in den weiten Flachmeeren. Das warme und trockene Klima
begünstigt eine schnelle Entwicklung vieler Tierarten.

Die ersten Tiere kriechen auf das Festland.

7. Dezember

Vor 400 Millionen Jahren eroberte das Leben immer mehr das Land.
Urwälder bedecken große Teile davon. Insekten, Spinnen und Amphibien haben den gefährlichen Gang auf das Land gewagt, Reptilien folgen ihnen.

Landgang

XaphoX schwärmt: „Wie grün das Land geworden ist! Was für eine Veränderung auf dem Planeten!"

Seine Kameras zeichnen Bilder von Farnen, Moosen und zahlreichen anderen Pflanzen auf, die den Erdboden bedecken. Schilfgewächse breiten sich in riesigen Kolonien an den Ufern der Flüsse und Tümpel, an Algenbänken und an den Meeresküsten aus.

Und wer hätte das nach al... ... Leben blüht in den Flachmeeren an den Küs... ...echt über den Sand, über die Uferfel... ...Gräsern und Sträuchern... ...d anderes Kleingetier sind... ...Algen mit an... ...itet. Sie Land gekrabbel... ...ndes: Bakte- waren die Vor... ...ewesen wie rien, Mikrobe... ...st noch alles. Gliederfüß...

Unzählige Katastrophen, Rückschläge und Massensterben haben die Beobachtungsstationen in ihrem Millionen Jahre währenden Zeitraffermodus festgehalten. Alle die schweren Zusammenstöße mit Geschossen aus dem All, die gewaltigen Ausbrüche der unterirdischen Vulkanfeuer, die Tsunamis und Überschwemmungen, die Trockenheiten und Regenzeiten und die totale Vereisung des Erdballs.

Und wer hätte das nach alldem erwartet: Leben blüht in den Flachmeeren an den Küsten. Es kriecht über den Sand, über die Uferfelsen, es klettert auf den Farnen, Gräsern und Sträuchern herum. Winzige Milben und anderes Kleingetier sind sozusagen als Passagiere der Algen mit an Land gekrabbelt und haben sich weiter ausgebreitet. Sie waren die Vorhut bei der Eroberung des Festlands: Bakterien, Mikroben, jede Menge andere Kleinstlebewesen wie Gliederfüßler, Asseln, Spinnen und was sonst noch alles.

Die Lebewesen, die das Land eroberten, mussten zuvor ihren Atmungsapparat umbauen und das hat viele Tausend Generationen gedauert. Im Meer hatten sie alle gelernt, sich den Sauerstoff aus dem Wasser zu ziehen. Hier an Land drohten sie wie Fische auf dem Trocknen zu ersticken, deren Kiemen für die direkte Luftatmung überhaupt nicht geeignet sind. Viele blieben daher auf der Strecke.

Der Vormarsch aufs Land war jedoch unaufhaltsam. So besiedelten die Cyanobakterien und andere Algenarten zuerst die ufernahen Gebiete, drangen dann immer weiter ins Landesinnere ein. Die Böden, in denen sich bisher nicht einmal eine einzige Mikrobe heimisch fühlte, weil sie völlig ohne Nährstoffe und damit ohne Lebensgrundlage war, wurden immer attraktiver für viele weitere Bakterienarten.

Szenen der Angst und Panik

Auf einer Aufzeichnung des Beobachters ist eine Kolonie von Seeskorpionen zu erkennen. Die Tiere ruhen auf Korallenbänken im seichten Wasser in Ufernähe. Wasser schäumt auf, Fische jagen heran, fressen andere, werden gleich darauf selber von größeren gefressen. Etwas weiter entfernt kriechen Seespinnen auf Unterwasserfelsen, daneben bedecken bizarr geformte wurmartige Tiere den Boden.

Gnadenlose Jagd

Plötzlich donnert eine Riesenwelle heran. Sie schleudert Millionen Meerestiere viele Kilometer weit ins Land hinein.

Zum Glück landen etliche von ihnen in Tümpeln und Pfützen. So erhalten sie die Chance, sich langsam an die ungewohnte Umgebung zu gewöhnen.

Auf anderen Bildern ist eine gnadenlose Jagd zu sehen: haiähnliche Fische mit starken Kiefern und scharfen Sägezähnen treiben Schwärme kleiner Fische vor sich her. Die versuchen verzweifelt zu entkommen. Wie auf ein Kommando machen sie kehrt, wenden sich in die Gegenrichtung. In ihrer Panik geraten die meisten von ihnen auf den flachen Strand einer Sandbank. Dort winden sie sich hin und her, vollführen im Todeskampf Sprünge. Etlichen gelingt es dabei, sich in Bäche und Rinnsale zu retten und weiter landeinwärts zu schwimmen. Als ihre Nachkommen sich wieder in Richtung Meer bewegen, hat ein Erdrutsch den Zugang dorthin verschüttet und sie müssen eine völlig neue Überlebensstrategie entwickeln.

Wissenschaftler fanden viele fossile Spuren unter anderem in schottischem Feuerstein. Sie belegen, dass der freiwillige oder unfreiwillige Landgang vieler Lebewesen im Kambrium oder hundert Millionen Jahre später im Devon, dem darauf folgenden Zeitalter, stattgefunden haben muss.

Aus Flossen werden Beine

In einer Meeresbucht lebt eine Vielzahl von unterschiedlichen Fischen und anderen Bewohnern.

Manche davon sind bestens ausgebildet und durchpflügen das Wasser mit drei, vier oder noch mehr starken Flossen. Andere Lebewesen peitschen sich mit tintenfischartigen Tentakeln vorwärts. Wieder andere Arten schlängeln sich mit schwertförmigen langen Schwänzen durch das Wasser. Es gibt große und kleine Fische, manche mit kaum ausgebildeten Kiefern, andere bereits mit harten, knochigen Beißwerkzeugen, ständig hungrig auf der Suche nach Beute.

Eines Tages zeichnen XaphoX' Kameras einen gewaltigen Erdrutsch auf. Der Zugang zum offenen Meer wird verschüttet. Im Zeitraffer zeigt sich in den folgenden Jahrtausenden, wie der Wasserspiegel der Bucht langsam sinkt. Es kommt kein frisches Wasser vom Meer nach. Viele Bewohner der Bucht sterben aus. Das Austrocknen des Lebensraumes geht langsam. So erhalten andere die Chance, sich den neuen Umständen anzupassen.

Über lange Zeiträume hinweg sind Versuche zu beobachten, wie sich Fische mit ihren weichen Flossen aus einem fast ganz ausgetrockneten Tümpel schleppen. Sie schaffen es nicht und verenden. Manche aber entwickeln sich weiter: Sie können atmen, die Flossen sind muskulöser geworden. Damit schieben sie sich voran, kriechen von Tümpel zu Tümpel.

Die Umwandlung der Fische zu Amphibien, bei denen die Flossen zu knorpeligen, den Körper tragenden Beinen wurden, erfolgte rasant, wie Altersbestimmungen an den Funden ergaben. Zum Beispiel am Quastenflosser oder seinem Verwandten, dem Ichthyostega. Beide sind lurchartig, halb Fisch, halb schon Landtier. Sie bewegten sich auf vier kurzen kräftigen Beinen vor Urzeiten übers Land und

entdeckten dabei ungeahnte Leckerbissen wie Skorpione, Insekten, Milben und Spinnen.

Einige Tierarten, deren Spuren man gefunden hatte, schienen seit Urzeiten ausgestorben. So auch der erwähnte Quastenflosser, bis es zu einer Sensation kam: Der Zoologe Hans Fricke entdeckte 1987 vor der afrikanischen Westküste ein Exemplar dieser aus der Urzeit stammenden Art.

Etliche Millionen Jahre später haben nicht nur Bakterien, Insekten und sonstiges Kleingetier den Lebensraum Land entdeckt. Auch eine Reihe größerer Tiere lebt in den riesigen Wäldern, die das Land nun bedecken. Sie alle haben mehr oder weniger unfreiwillig die ursprüngliche Heimat, den Ozean, verlassen.

Die Ausbreitung der Pflanzen vom Wasser auf das Land erfolgte vor etwa 400 Millionen Jahren. Die Bedingungen waren günstig. Es herrschte ein relativ mildes Klima. Es gab Licht und Kohlendioxid, die zur Fotosynthese benötigt werden. Die zuerst noch ziemlich schutzlosen Algenpflanzen hatten an Land noch keine natürlichen Feinde. Pflanzen wie Farne und Schachtelhalme konnten in die Höhe wachsen. Später entwickelten sie Stämme. Im Zeitalter des Karbon (vor 360 bis 280 Millionen Jahre) waren sumpfige Wälder bereits weit verbreitet.

Zeittafel

13. bis 16. Dezember

Vor 400 Millionen Jahren: Kontinente bilden sich. Es gibt einen einzigen großen Festlandblock. Später reißt er auseinander.

19. Dezember

Vor 225 Millionen Jahren: Es gab erneut, wie Ausgrabungen zeigten, ein Massensterben auf der Erde. Viele Tierarten verschwanden wieder. Das konnte aber nicht verhindern, dass die Glanzzeit der Dinosaurier begann und Vögel am Himmel erschienen.

Tyrannosaurus Rex

Der deutsche Meteorologe Alfred Wegener (1880–1930) stellte 1912 die Theorie der Kontinentalverschiebungen auf. Danach stießen riesige Landmassen zusammen, türmten sich zu Gebirgen auf. Vor 350 Millionen Jahren gab es zwei Riesenkontinente, die sich später erneut trennten. Die heutige Gestalt der Erde gibt es seit etwa 200 Millionen Jahren.

Von heute an gerechnet in weiteren 200 Millionen Jahren werden die Kontinente sich wieder zusammenschließen, weil sie weiterdriften. Grund für diese Wanderungen sind Lavaströme im Erdinneren.

Auf die Entwicklung des Lebens hatten die Wanderungen der Landmassen natürlich großen Einfluss. Die Plattentektonik, das Verschieben, das Heben und Senken riesiger Landmassen, ist der Grund, warum heutzutage an unerwarteten Stellen wie zum Beispiel dem Burgess-Schiefer Fossilienfunde gemacht werden.

Die schrecklichen Echsen!

Alle Formen, die man sich in Albträumen für böse Fabeltiere und für gefährliche Drachen ausmalen kann, hat es in dieser oder ähnlicher Form im Verlaufe der Geschichte der Lebewesen tatsächlich gegeben. Für 150 Millionen Jahre übernahmen sie etwa 200 Millionen Jahre vor unserer Zeitrechnung die Herrschaft über den Planeten. Das, nebenbei bemerkt, muss der Homo sapiens, also wir von der Gattung Mensch, erst einmal schaffen. Uns gibt es erst seit ungefähr drei Millionen Jahren. Aber davon später mehr, jetzt sind erst einmal die Riesenechsen, die Dinosaurier, an der Reihe!

Den Namen „Dinosaurier" – er ist griechisch und bedeutet „schreckliche Echsen" – erfand 1841 der britische Anatom Richard Owen. Er baute die Tiere aus Beton nach und lud die Wissenschaftlerkollegen zum festlichen Dinner ins Innere der Monster ein.

Warum schuf die Evolution solche Riesentiere wie den Argentinosaurus oder den Tyrannosaurus Rex?

Mit 45 Metern Länge und einem Gewicht von 80 Tonnen war der Argentinosaurus wahrscheinlich das größte Landtier, das je auf der Erde gelebt hat. Die kleinsten Dinos wie der Microraptor waren mit ungefähr 50 Zentimetern Länge kaum größer als ein Huhn. Ganz genau lässt es sich allerdings nicht sagen, welches die größten und kleinsten Dinosaurier waren. Meist waren die Skelettfunde nur bruchstückhaft.

Auf jeden Fall herrschte eine enorme Formenvielfalt unter den Sauriern. In den Spielzeugabteilungen der Supermärkte und in den Regalen der Kinderzimmer kann man etliche Nachbildungen bewundern. Unendlich viele Bücher befassen sich mit den Echsen und den Gründen für ihr Erscheinen auf der Erde.

Die Bedingungen für die Dinos waren ideal. Ihre lange Herrschaft auf der Erde erfuhr lange Zeit keine Störung. Im „Jurassic-Park" war

Argentinosaurus

das Klima milde, keine Eiszeiten oder sonstige Naturkatastrophen zerstörten auf Dauer die Lebensgrundlagen der zahlreichen Tiere und Pflanzen. Im Ausgang des Jura und in der nachfolgenden Kreidezeit gab es blühende Landschaften. Ein großer Reichtum an Tieren und Pflanzen hatte die Entwicklung der großen Echsen sehr begünstigt. Es gab bereits in erdgeschichtlich erstaunlich kurzer Zeit ein Ökosystem auf dem Land, eine Nahrungskette, große und kleine Lebewesen, Pflanzenfresser und Fleischfresser, Insekten, Spinnen, Würmer, viele mausgroße Arten, wirbellose Tiere, Amphibien, viele Arten von Landwirbeltieren der unterschiedlichsten Größe und etliche säugetierähnliche Reptilien.

Was ist ein Ökosystem?

Der Begriff beschreibt das Zusammenleben von Tieren und Pflanzen. Wenn es im Einklang ist, ändert sich weder die Zahl der Arten noch die ihrer Mitglieder über lange Zeiträume. Man spricht auch von einem ökologischen Gleichgewicht, das durch die wechselseitigen Beziehungen aller Pflanzen und Tiere geschaffen wird. Das Wasser der Flüsse und Bäche zum Beispiel ist in der Lage, sich selbst zu reinigen.

Heute erleben wir zahlreiche Beispiele, bei denen der Mensch dieses Gleichgewicht zerstört, indem er die Wälder abbrennt oder Giftstoffe in die Flüsse und Meere leitet, die nicht mehr auf natürlichem Wege abgebaut werden können.

Ein Ökosystem kann auf Flussmündungen, auf ein Wattenmeer, auf Wälder oder auf Wüsten begrenzt sein. Man könnte auch die ganze Erde als ein riesiges Ökosystem ansehen. In ihm kann das Gleichgewicht ebenfalls durch eine schwere Katastrophe gestört werden, die sich Tausende Kilometer entfernt ereignet. Ein Beispiel dafür ist der Treibhauseffekt, der schon weiter vorne erklärt wurde.

Kampf der Giganten

Der androidische Beobachter bemerkt, wie sich die Saurier und Reptilien der Kreidezeit auf der Suche nach Nahrung in dichten Wäldern mit turmhohen Bäumen bewegen, Schneisen durch Farne, Gestrüpp und Kolonien von Riesenpilzen trampeln.

Gerade war auf der Ebene am Waldrand noch der schrille Schrei des Urvogels Archaeopteryx zu hören, doch plötzlich herrscht Totenstille. Lange Minuten der Anspannung. Eine Familie von pflanzenfressenden Horndinosauriern (Styracosaurus), die friedlich in der Ebene grasen, steht wie erstarrt, hebt die Köpfe.

Dann erzittert die Erde unter dumpfen Tritten. Angstvolles Kreischen in den Bäumen. Die Wand aus Riesenfarnen am Waldrand teilt sich. Unter Krachen und Splittern brechen mehrere räuberische Saurier von der Art des Deinonychus hervor. Die sechs Tonnen schweren Jäger treten in Rudeln auf. Jetzt bilden sie auf der Ebene eine Kette

Styracosaurus

Deinonychus

und kreisen ihre Opfer, die Gruppe der Horndinosaurier, ein. Diese werfen sich herum, bilden einen Verteidigungskreis. Sie strecken den Angreifern ihre mit zahlreichen scharfen Hörnern bewehrten Kopfpanzer entgegen.

Es kommt zu einem äußerst blutigen Kampf. Ein ums andere Mal versuchen die Räuber, den Ring der Pflanzenfresser zu durchbrechen, um ein Beutetier mit den Krallen zu packen und aus dem Ring zu zerren. Besonders auf den Nachwuchs der Horndinosaurier haben sie es abgesehen. Aber der ist gut im innersten Kreis der Verteidiger geschützt.

Der Angriff misslingt. Die spitzen Hörner der aufmerksamen Verteidiger bringen den Jägern schlimme Verletzungen bei. Sie ziehen sich zurück.

Skelette solcher tödlich verletzter Räubersaurier wurden in Australien gefunden. Aufgrund anderer fossiler Funde kann sich die Wissenschaft ein gutes Bild über den merkwürdigen Körperbau dieser Tiere machen. Es wurden bis heute fast 800 verschiedene Typen registriert. Die Dinosaurier waren die Beherrscher der Erde, und zwar sowohl auf dem Boden als auch in der Luft und im Wasser.

Vorhang zu für die Dinos

Es ist anzunehmen, dass es den Menschen gar nicht gäbe, wenn nicht vor ungefähr 65 Millionen Jahren ein gewaltiger Feuerball in die Erdatmosphäre eingedrungen wäre. Die Saurier hätten womöglich das Aufkommen weiterer starker Lebewesen erfolgreich verhindert. Ohne das Aussterben von Arten wäre ein Fortschritt nicht möglich, sagen die Evolutionsbiologen. Jeder Tierart, die heute lebt, gingen mindestens neun ausgestorbene voraus.

Der Asteroid war der Tod der Dinosaurier

Damals schlug ein Asteroid mit der Wucht von Millionen Atombomben mit einer gigantischen Explosion auf der mexikanischen Halbinsel Yukatan ein. Die ganze Gegend stand in Flammen, der Himmelskörper verdampfte. Die auf den Einschlag folgende Druckwelle raste um den ganzen Erdball. Eine Staubwolke schirmte monate- oder gar jahrelang die Sonne ab.

Es wurde für lange Zeit dunkel und kalt auf der Erde. Die Luft war vergiftet, der Regen sauer. Die Pflanzen starben ab und mit ihnen die Könige der damaligen Welt, die Dinosaurier. Diese Lebewesen waren bereits hoch entwickelt, stark und mit vielfältigen anatomischen Vorzügen für die Jagd ausgestattet, aber auf diese dramatischen Veränderungen ihrer Umwelt konnten sie nicht reagieren. Sie waren meist Kaltblüter, deren Körpertemperatur sehr stark von der Außentemperatur beeinflusst wird: Wenn es warm ist, erwärmt sich ihr Blut und sie werden aktiv, bei Kälte kühlt auch ihr Blut ab und sie verfallen in eine Starre. Im Gegensatz dazu bleibt bei Warmblütern, wie es die meisten Säugetierarten sind, die Körpertemperatur immer ziemlich gleich.

Einige Hunderttausend Jahre nach dem Einschlag waren die Dinosaurier von der Erde verschwunden.

Die Evolution zog den Vorhang zu vor der Bühne der Saurier!

Vorhang auf für die Mäuse

Unter dem Vorhang hindurch kroch, wenn man genau hinschaute, ein mausähnliches Tier: Megazostrodon, zehn Zentimeter lang und 30 Gramm schwer, der bis heute älteste bekannte Vertreter der Säugetiere. Diese Spitzmaus hatte die Saurier überlebt und die Megakatastrophe des Einschlags aus dem All. Das Tierchen war ein Warmblüter und hatte ganz unbemerkt Millionen von Jahren neben den Echsen gelebt. Die hätten sie sonst längst zertrampelt oder zum Nachtisch verspeist, aber die pfiffige Maus versteckte sich am Tage und ging nur nachts, wenn die „kaltblütigen" Dinos wegen der tiefen Temperaturen erstarrt waren, auf Nahrungssuche.

Die Mäuseähnlichen haben in ihren Höhlen die Katastrophe überstanden. Jetzt hatten sie nach dem Tod der Saurier freie Bahn. „Nun seid ihr Säugetiere am Ruder!", rief ihnen die Evolution zu. „Macht was draus!"

Und was sie draus machten! Viele Lebewesen, die wir kennen, entwickelten sich nun: Wölfe, Tiger, Schafe, Hirsche, Bären, Kamele, Füchse, Pferde, Elefanten, Flusspferde, Giraffen, Schimpansen, Menschen …

Rasant ging die Lebensentwicklung in den Millionen Jahren nach dem dramatischen Abgang der Dinosaurier voran. Und sie konnte auch nicht mehr durch andere große geologische und biologische Katastrophen gestoppt werden.

Dritter Teil

Der Mensch betritt die Bildfläche

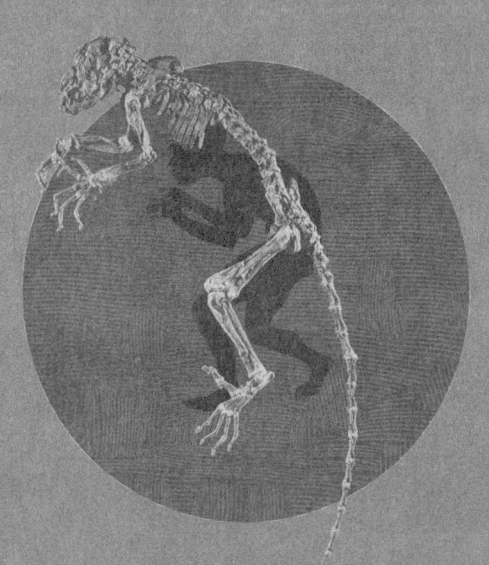

Über Darwin und die Evolution

Im Jahre 1809 wurde Charles Darwin († 1882) geboren. Im selben Jahre erschien das Buch *Philosophie zoologique* von Jean Baptiste de Lamarck (1744–1829). In diesem Buch tauchte ein in Europa gerade erst bekannt gewordenes Tier auf: die Giraffe. Sie, so die These von de Lamarck, konnte nur überleben, weil sie sich streckte, um an die Blätter der Bäume in der Savanne heranzukommen. Dadurch sei ihr Hals mit der Zeit länger geworden. Diese Eigenschaft habe sie, die ja ursprünglich ein antilopenartiges Tier war, an die Nachkommen weitervererbt. Deren Hals wurde von Generation zu Generation ein Stückchen länger und schließlich konnten die Leute über die Giraffe staunen. Sie hatte es fertiggebracht, sich an die veränderte Umgebung anzupassen und diese im Laufe des Lebens erworbenen Eigenschaften an die Kinder weitervererbt.

Heute weiß man, dass die Theorie de Lamarcks falsch ist, denn äußerliche Ver-

änderungen während der Lebensdauer werden nicht vererbt, sondern nur Abweichungen im Genpool, die Mutationen. Richtig erkannt aber hatten de Lamarck und übrigens auch andere Naturforscher lange vor Darwin, dass eine Veränderung, eine Anpassung an veränderte Lebensbedingungen stattfindet, die vererbt wird.

Alle Lebewesen haben gemeinsame Vorfahren

Darwin, der zu den bedeutendsten Wissenschaftlern der Menschheitsgeschichte gezählt wird, konnte auf vorhandenen Ideengebäuden aufbauen und sie nach seinen eigenen Forschungen verändern. Im Jahre 1859 erschien sein berühmtes Werk *Die Entstehung der Arten*. Es löste eine Revolution aus, deren Erschütterungen bis heute andauern. Denn die Aussage lautet: Der Mensch wurde nicht als Krone der Schöpfung von einer übergeordneten Macht fix und fertig erschaffen, sondern er muss als Tier gesehen werden; zumindest als dessen Weiterentwicklung. Alle Lebewesen auf der Erde haben gemeinsame Vorfahren, setzen sich aus ähnlich aufgebauten Zellen zusammen, die alle notwendigen Funktionen als Muskel-, Knochen- oder Gehirnzellen erfüllen.

Darwins Theorie wird trotz überwältigender Beweise auch heute noch von manchen Leuten abgelehnt. Die Gegner sind der festen Überzeugung, dass unsere Erde mit allen Lebewesen genau so, wie sie heute ist, vor einigen Tausend Jahren von einer Superintelligenz, einem überlegenen Schöpfer, geschaffen wurde. Diese Gegner, die sich Kreationisten nennen, haben insbesondere in den USA großen Einfluss. Im Bundesstaat Kansas wurde auf ihr Betreiben hin sogar die Evolutionstheorie aus den Schulbüchern gestrichen.

Über Darwin ist viel geschrieben und in Filmen dokumentiert worden, daher können wir uns hier kurzfassen: Der gläubige Christ studierte auf Wunsch des Vaters Theologie, er interessierte sich aber

immer mehr für Biologie und Geologie. Während einer fünfjährigen Forschungsreise auf dem Vermessungsschiff „Beagle" von 1831 bis 1836 schickte er zahlreiche Kisten mit Pflanzen, Steinen, Fossilien und anderem naturkundlichem Material nach Hause. Etliche Reisetagebücher mit Beschreibungen und Zeichnungen unterstützten ihn bei seinen Forschungen, denen er sich nach seiner Rückkehr ganz widmete. Er verbrachte den Rest seines Lebens zurückgezogen mit seiner Familie, durch eine chronische Krankheit geschwächt, auf seinem Landsitz Down in der Grafschaft Kent in England.

Lange hatte Darwin mit der Veröffentlichung seines Hauptwerkes gewartet, als ob er geahnt hätte, welchen Sturm es auslösen würde. Der Naturforscher Alfred Russel Wallace (1823–1913) kam auf Reisen in den Jahren 1848 bis 1853 zu ähnlichen Ergebnissen wie Darwin. Er schrieb mehrere Artikel über die Anpassung der Lebewesen an den Lebensraum. Das gab den Ausschlag, dass Darwin seine Theorie endlich der Öffentlichkeit vorstellte. Sein Hauptwerk *Die Entstehung der Arten* (On the Origin of Species) erschien 1859. Wallace wurde vom breiten Publikum praktisch nicht wahrgenommen, die Theorie heißt einfach Darwin'sche Evolutionstheorie. *Die Abstammung des Menschen* war ein weiteres, weltberühmt gewordenes Werk des Naturforschers.

Knapp 100 Jahre nach Darwin kam als entscheidende Zutat die Entdeckung der DNS hinzu. Der Arzt Oswald Avery wies 1944 das

Molekül als Träger der Erbinformation nach, die Biochemiker James Watson und Francis Crick entschlüsselten 1953 die Struktur der DNS.

Erst danach war klar: Der genetische Code ist bei allen Lebewesen gleich. Sind deswegen aber auch alle Lebewesen gleich? Und was bedeutet es, wenn jemand von Evolution und Evolutionstheorie spricht? Sie liefert die Erklärung für die Vielfalt des Lebens auf der Erde und wurde seit Darwin zum zentralen Prinzip der modernen Biologie.

Rennkarnickel

„Der Bessere möge siegen!", heißt es im Sport. Oft sind die Besseren die Schnelleren, die Stärkeren, die Klügeren, die Raffinierteren – kurz, diejenigen, die am besten für eine bestimmte Aufgabe ausgestattet sind. Der Igel in der Fabel war schlauer als der Hase, auch der biblische Jüngling David konnte den Riesen Goliath besiegen, weil er ihm mit seiner Steinschleuder im Überlebenskampf den entscheidenden Schritt voraus war.

Man kennt die Sprüche vom „Kampf ums Dasein", vom „Überleben der Stärkeren". „Survival of the Fittest" heißt das in der Sprache der Evolution. Und damit ist nicht unser Alltag gemeint mit seinem Kampf um Arbeit, Gehalt, Gedrängel in der Warteschlange oder Sieg beim Fußball. Eigentlich ist es auch ein Übersetzungsfehler, wenn man „fittest" mit den „Stärkeren" übersetzt. Die müssen es nämlich gar nicht unbedingt sein, die im Überlebenskampf die besseren Karten haben. Das hat ja das Beispiel der Mäuse gezeigt, die die riesigen und starken Dinosaurier überlebt haben. „Fittest" bedeutet nicht „stärker", sondern „am besten angepasst". Mit dem täglichen Leben eines Kaninchens hat der Satz dementsprechend schon eher zu tun, das vor dem Fuchs davonrennen muss, um in seinen Bau zu kommen. Viele erwischt es trotzdem. Sie sind nicht schnell genug.

Es bleiben eine Menge Kaninchen auf der Strecke und deshalb müssen die Überlebenden ganz viele Nachkommen zeugen, damit wenigstens ein Teil überlebt und die Karnickelwelt erhält.

Sollte allerdings ein Kaninchen durch zufällig veränderte Erbinformation, durch ein „mutiertes" Gen, um 20 Stundenkilometer schneller werden als seine Verwandten, hätte es natürlich mehr Chancen, am Leben zu bleiben und Nachwuchs zu bekommen. Über eine lange Zeit gesehen wären dann eben die schnelleren Kaninchen die Sieger, die langsameren würden nach und nach untergehen.

Die Familie oder die Linie der „fitteren", der angepassteren Rennkarnickel, würde die veränderten und so verbesserten Laufgene an ihre Nachkommen weitergeben und die wiederum an ihre. Diesen Auswahlprozess, bei dem sich Mutationen durchsetzen oder verschwinden, nennt man Selektion.

Veränderung und Auswahl

Durch eine zufällige Mutation ist das Kaninchen schneller geworden; durch natürliche Selektion werden die langsamen Tiere weniger überlebenstüchtig. Die schnelleren haben eher die Chance, den zahlreichen Feinden auf dem Felde zu entkommen. Sie konnten sich besser an die Umwelt anpassen wie vor vielen Millionen Jahren die Spitzmaus, die dafür sorgte, dass die Säugetiere das Zepter übernahmen.

Zwei Schlüsselbegriffe der Evolutionstheorie: Mutation (Veränderung) und Selektion (Auswahl)

Wenn sich Einzeller teilen, stellen sie eine fast perfekte Eins-zu-eins-Kopie her. Da bleibt nicht viel Spielraum für Veränderung. Doch zum Glück entwickelte sich die geschlechtliche Fortpflanzung. Die ist aber nicht perfekt. Zwar geben Vater und Mutter jeweils einen kompletten Satz ihrer Gene an die Kinder weiter. Doch bei den

Mehrzellern treten immer wieder kleinere Durchmischungen auf. Es kommt zu Veränderungen und jedes einzelne Lebewesen einer Art unterscheidet sich ein bisschen von seinen Brüdern und Schwestern.

Es wäre ja auch furchtbar, wenn wir alle gleich aussehen würden!

Erbinformationen werden weitergegeben. Die männlichen Gene wandern in die weibliche Keimzelle. Die Selektion sorgt in der Regel dafür, dass die besten Gene, also die besten Erbanlagen, an die nachfolgende Generation in der Tier- oder Pflanzenwelt weitergegeben werden.

In diesem freien Wettbewerb von Veränderung und Auswahl treten natürlich auch beschädigte Gene auf, die zum Beispiel Krankheiten oder Behinderungen mit sich bringen. Ob sie letztendlich gut oder schlecht sind, kann man vorher oft nicht sagen.

Durch zufällige Mutation geht etwas zugrunde oder passt sich besser an. An den Beispielen mit den Giraffen und den Kaninchen hat man es gesehen.

Aus einem mausähnlichen Tierchen im Steppengras wurde im Laufe von Jahrmillionen eine schnelle Antilope, die vor ihren Feinden davonlaufen kann. Schritt für Schritt hatten sich zufällig entstandene Veränderungen durchgesetzt, die sich als günstig für das Überleben herausstellten.

Darwin selbst bringt in seinem Buch von der Entstehung der Arten viele Beispiele. Eines handelt von den Käfern auf der Insel Madeira. Durch Mutation waren ihre Flügel verkümmert. Unter normalen Umständen hätte es das Ende dieser Käferart bedeutet. Aber das Gegenteil war der Fall. Das Fehlen der Flügel, einst als Behinderung entstanden, wurde zur Überlebensstrategie, denn der starke Wind auf der Insel konnte die Flügellosen nun nicht mehr aufs Meer hinaus und in den sicheren Tod treiben.

Bei ihrem Wirken lässt sich die Evolution nicht mit menschlichen Zeitmaßstäben messen. Darwin schreibt dazu im vierten Kapitel der Entstehung der Arten:

» Wir sehen nichts von diesen langsam fortschreitenden Veränderungen, bis die Hand der Zeit auf eine abgelaufene Weltperiode hindeutet. Dann ist unsere Einsicht in die längst verflossenen Zeiten so unvollkommen, dass wir nur noch das eine wahrnehmen – dass die Lebensformen jetzt verschieden von dem sind, was sie früher waren. «

Experimentierfeld für das Leben

Wer weiß, vielleicht sind die touristischen Raumschiffkreuzer vom Planeten JFY11, der Heimat von XaphoX, in früheren Zeiten schon am Planeten Erde vorbeigetrieben. Die Passagiere saßen bequem in ihren Sesseln, flanierten auf den Decks und ließen sich im Zeitraffer oder Zeitbeschleunigungsmodus die erstaunlichen Wandlungen unseres Himmelskörpers vorführen.

Vielleicht waren sie Zeuge, wie nach dem Verschwinden der Saurier zunächst die Vögel und später die Säugetiere deren Erbe antraten. Waren als Zuschauer dabei, wie die Evolution durch Veränderung und Auswahl zahlreiche Formen hervorgebracht hat, wie vieles ausprobiert und wieder fallen gelassen wurde. Wie unsere kleine Welt ein einziges großes Experimentierfeld für das Leben wurde.

Was da alles besichtigt werden konnte auf unserem grünen Planeten! Zahllose Gestalten, die sich kriechend, hüpfend, rennend, grabend, krabbelnd, kletternd und schwimmend fortbewegten. Da liefen riesige Meerschweinchen, dort Mäuse groß wie Katzen, vier Meter hohe Laufvögel, Urpferdchen kleiner als Schäferhunde. Endlos viele Vorformen der heutigen Wale, Tiger, Eichhörnchen, Bären, Hirsche, Löwen und Tiger waren zu sehen. Dazu fliegende Riesenameisen, die in Schwärmen den ganzen Himmel verdunkelten, bevor sie sich auf die Urwälder stürzten und diese kahl fraßen.

Stets wechselnde und neu entstehende Vegetation hätten die Reisenden zu sehen bekommen, Klimaveränderungen, Verschiebung und Neuformierung großer Landmassen böten ein gewaltiges Schauspiel.

Dazu fliegende Riesenameisen, die in Schwärmen den ganzen Himmel verdunkelten, bevor sie sich auf die Urwälder stürzten und diese kahl fraßen.

Nach einer neuen Zusammenstellung der UNEP (United Naional Environment Programme), des Umweltprogramms der UNO, sind auf der Erde rund zwei Millionen Arten bekannt und beschrieben worden. Darunter sind etwa eine Million verschiedene Insektenarten, rund 60.000 Wirbeltierarten und rund 260.000 Pflanzenarten. Der Rest sind Viren, Bakterien und andere vielfältige Formen. Bei diesen Zahlen handelt es sich allerdings lediglich um die bisher auf der Erde bekannten Arten. Nach groben Schätzungen ist die Gesamtartenzahl noch weitaus höher und reicht von 3,6 bis zu 112 Millionen Arten.

Die Entwicklung der Säugetiere, zu denen auch wir Menschen gehören, nahm vor 270 Millionen Jahren ihren Anfang. Die ersten Säugetiere entwickelten sich aus Reptilien, die im erdgeschichtlichen Zeitalter des Perm (vor 299 Millionen bis 251 Millionen Jahren) lebten. Dann ging die Entwicklung Schritt für Schritt weiter, bis vor etwa 70 Millionen Jahren bereits mehrere Arten von Säugetieren existierten.

Viele Säugetierarten mussten Tribut an falsche Entwicklungswege zahlen und starben wieder aus. Insgesamt aber waren gerade die Säuger große Meister der Anpassung. Sie wurden zu Pflanzen- oder Fleischfressern oder beidem, je nachdem, wie das Angebot war. Sie trugen das richtige Fell für jede Witterung, wurden zu schnellen Läufern, weiten Springern und guten Kletterern. Sie hatten große Ohren, lange Reißzähne, feinste Nasen, waren halb blind oder sahen mit zehnfachem Zoom – kurz, die Ausstattung richtete sich ganz nach Lebensraum und Futterangebot. Je besser die Anpassung, desto länger überlebte die Art.

Womit wir bei einem entscheidenden Punkt sind: Die Natur schaffte es, die befruchteten Eier in das Innere des Körpers der Mutter zu verlagern, anstatt sie wie bei den anderen Arten in der Gegend herumliegen zu lassen, wo sie leichte Beute der gierigen Räuber wurden. Der Mutterleib bot Schutz vor Kälte und Hitze – eine geniale Lösung. Der Nachwuchs konnte in relativer Sicherheit gedeihen und nach der Geburt gab es noch die nährstoffreiche Muttermilch, damit er ordentlich versorgt die ersten Schritte ins gefahrvolle Leben machen konnte.

> Zu den Hauptmerkmalen dieser Arten gehört das Säugen des Nachwuchses mit Milch. In den Milchdrüsen der Weibchen wird diese Nahrung produziert. Weitgehend unabhängig von der Außentemperatur sind die Säugetiere durch gleichbleibende Körperwärme und ein Fell. Etwa 5.500 Arten von Säugetieren gibt es heute weltweit.

Das komplizierteste Gebilde der Welt!

Ein weiterer entscheidender Schritt war die Entwicklung eines großen Gehirns. Die mehrzelligen Wirbeltiere im Urozean hatten anstelle eines Gehirns nicht mehr als einige Nervenzellen. Sie befanden sich am oberen Ende der Wirbelsäule. Bestimmte Reize schalteten Körperfunktionen ein und aus.

Bei den Säugetieren und anderen Arten wurde die Struktur des Gehirns komplizierter. Es wurden zwar ebenfalls Reize verarbeitet und Befehle weitergegeben, indes war diese „Software" aber in der Lage, zu analysieren, auszuwählen und auszuwerten. Was ist gut für mich? Was tue ich? Was lasse ich besser sein? Diese Weiterentwicklung ermöglichte verstandesmäßige Handlungen, anstatt dem reinen Instinkt zu folgen.

Alle Säugetiere, diese anpassungsfähigen Überlebenskünstler, sind mit Gehirn-Software ausgestattet, von der sie in größerem oder kleinerem Ausmaß Gebrauch machen. Im Laufe der Zeiten lernten sie immer bessere Methoden der Nahrungssuche, der Jagd, des Abwehrens von Feinden. Sie schärften ihre Krallen und Zähne, verbesserten ihr Lauf- und Sehvermögen, verfeinerten die anderen Sinne. Das alles geschah nicht nach Plan, sondern durch zufällige Veränderung und Auswahl. Und alle Tätigkeiten führten parallel auch zur weiteren Entwicklung des Gehirns, das den Verstand, also planmäßiges Handeln und die Instinkte koordinierte.

Mensch in Sicht?

Noch nicht.

Vor etwa 60 Millionen Jahren tummelten sich viele Lebewesen auf der Erde, viele mit vier Beinen, alle mit ihrer eigenen Entwicklungsgeschichte. Tropische Wälder bedeckten Teile der Landmassen. Sie boten reichlich Nahrung, wie zum Beispiel junge Pflanzen, Knospen, Blätter oder Früchte. Die Säugetiere hatten diesen Lebensraum entdeckt. Darunter Insektenfresser, die ihre Nahrung vorwiegend in den Bäumen suchten.

Wie Funde zeigen, tauchten die ersten Primaten vor etwa 50 Millionen Jahren auf. Sie werden von der Wissenschaft jenen Insectivora (Insektenfressern) zugeordnet, die sich seit Millionen Jahren auf den Bäumen eingerichtet hatten und aus denen sich mehrere neue Arten entwickelten. Was allerdings die genaue Entwicklungsgeschichte der Halbaffen und Affen angeht, so sind viele Fragen noch offen.

Primaten

Der Begriff vom lateinischen „primas", was so viel bedeutet wie „dem Rang nach der Erste", bezeichnet hochstehende Säugetiere. Sie haben vergleichsweise weit entwickelte Gehirne. Zu den Primaten zählt man Halbaffen wie die kleinen Makis oder Meerkatzen. Alle großen Menschenaffen, unsere engsten Verwandten wie Gibbons, Orang-Utans, Gorillas und Schimpansen gehören zu dieser Ordnung. Auch der Mensch ist Mitglied der Primatenfamilie.

Bisher kennt man fast 250 Affenarten. Viele Forscher suchen nach den gemeinsamen Vorfahren von Affen und Menschen.

Dabei spielt der Begriff „Missing Link" („fehlendes Bindeglied") eine wichtige Rolle in der Evolutionsbiologie. Er wird zum Beispiel für ein bereits von Charles Darwin vermutetes, aber bis heute nicht gefundenes Bindeglied zwischen Affen und Menschen gebraucht. Man könnte ein solches Missing Link auch als eine Übergangsform bezeichnen, die den Entwicklungsweg vom Affen zum Menschen markiert.

Ida

Kürzlich wurde die Entdeckung des ältesten Primaten bekannt gegeben, der je gefunden wurde. Der norwegische Wissenschaftler Jörn Hurum, der es in New York vorstellte, hat das Tier nach seiner sechs Jahre alten Tochter „Ida" genannt. Das Fossil wurde in der hessischen Schiefergrube Messel gefunden und zählt zu den allerersten Primaten.

Das Tier soll vor 47 Millionen Jahren als direkter Vorfahr aller heute lebenden Affen und damit auch der Menschen gelebt haben. Es hatte eine Größe von einem halben Meter. Sogar die letzte Mahlzeit konnten die Wissenschaftler erkennen: Früchte und Blätter.

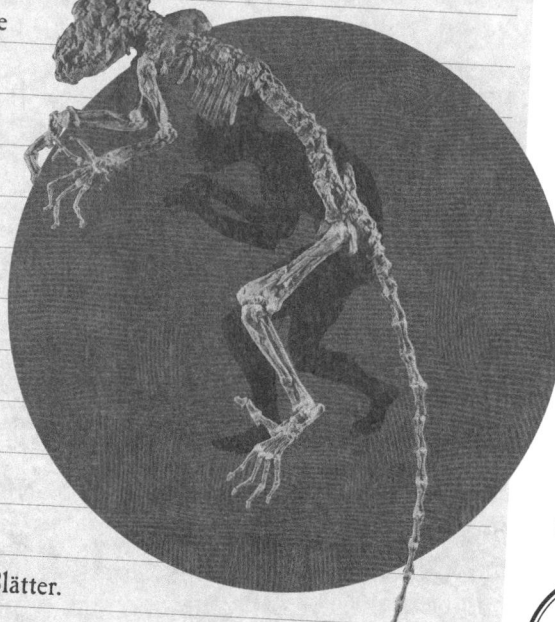

Die Wissenschaftler gehen davon aus, dass Mensch und Schimpanse einen gemeinsamen Vorfahren haben müssen und vor ungefähr sieben Millionen Jahren eine Trennung erfolgte. Immerhin haben Menschenaffen 98,7 Prozent genetische Übereinstimmung mit den Menschen. Im Katalog der Biologie werden wir daher unter der Kategorie „Primaten" eingeordnet.

Neue Funktionen

Wie auch immer unsere Vorfahren sich über die langen Zeiträume im Schutz der Urwälder entwickelt haben, eines ist klar: Das Leben auf dem Erdboden erforderte eine besondere Art der Fortbewegung. Es ist bewundernswert, mit welcher Sicherheit und Koordination der Bewegungen sich die Schimpansen von Ast zu Ast schwingen und so auch große Entfernungen zurücklegen. Das Prinzip der Veränderung und Auslese führte dazu, dass sich bei den Baumbewohnern bestes Sehvermögen herausbildete und die Fähigkeit, mit beweglichen Pfoten und Händen Dinge zu greifen. Das aufrechte Sitzen, das aufmerksame Beobachten der Umgebung, die Verständigung mit anderen durch bestimmte Laute, das schnelle, bewegliche Reagieren auf Gefahren – all das zeichnet unsere Vorfahren aus und man kann es bis heute bei jeder Horde auf den Affenfelsen im Zoo beobachten.

Sehvermögen, Beweglichkeit und Kommunikation bedingten auch eine Weiterentwicklung des Gehirns. Die Software wurde erweitert, neue Funktionen eingebaut. Die Schädel wurden größer und auch die Schneide- und Backenzähne bildeten sich sowohl für das Fressen von Fleisch als auch von Pflanzen aus. Die nach vorne gerichtete Stellung der Augen ist bei den Primaten ähnlich wie bei den Menschen.

Abstieg von den Bäumen

Es ist ziemlich unwahrscheinlich, dass Schimpansen sich darum kümmern, wer ihre Vorfahren waren, welchen Weg die Evolution genommen hat oder dass sie sogar Bücher darüber schreiben. Uns Menschen lässt diese Frage dagegen nicht los. Woher kommen wir also? Seit Jahrtausenden beschäftigen sich Philosophie, Naturwissenschaft, Kunst und Religion mit diesem Thema. Doch Überreste von Frühmenschen wurden bei Weitem weniger gefunden als Fossilien von Sauriern und Lebewesen aus früheren Erdzeitaltern. Aber woran liegt es, dass man hier über lange Zeiträume im Nebel stochert? Zum einen gab es im Vergleich zu anderen Tierarten relativ wenig Frühmenschen. Außerdem lebten sie in Gegenden, in denen die Voraussetzungen zur Fossilbildung schlecht waren. Deshalb ist es auch schwierig, einen Stammbaum des Menschen und seiner Entwicklung zu konstruieren.

Nur eines scheint festzustehen: Die Anfänge des Menschen liegen im Schatten der ostafrikanischen tropischen Regenwälder. Irgendwann stieg er von den Bäumen und ging auf zwei Beinen davon, um die Welt zu erobern.

Das sagt sich so dahin. Millionen Jahre hat dieser Prozess gedauert. Warum aber haben unsere Vorfahren den sicheren und ihnen vertrauten Lebensraum des Urwaldes verlassen? Auch darüber kann nur spekuliert werden. Beweise gibt es kaum, lediglich einige wenige Knochenfunde, zehn Millionen Jahre alte Teile von Kniegelenken deuten auf den aufrechten Gang hin.

Hominide

Es gibt die merkwürdige Bezeichnung „Echte Menschen". Gemeint ist damit der „Jetztmensch", der Homo sapiens – also wir heute – sowie seine ausgestorbenen Vorfahren. Gebraucht wird allerdings nach wie vor die Bezeichnung „Hominide" für die „Echtmenschen". Es sind alle Mitglieder der Familie der Menschen, der „Hominidae".
Die neueren Lexika weisen darauf hin, dass die Wissenschaft damit auch die anderen großen Menschenaffen wie Orang-Utans, Gorillas und Schimpansen einbezieht.

Nicht nur bis zur eigenen Nasenspitze sehen

Zogen sich aufgrund einer Klimaveränderung die tropischen Regenwälder in manchen Gegenden zurück? Geologische Untersuchungen haben gezeigt, dass vor sieben bis acht Millionen Jahren solche Veränderungen stattfanden. Die Regenwälder, die ursprünglich fast den ganzen afrikanischen Kontinent bedeckten, dünnten aus, als es kühler und trockener wurde. Es gab Lücken im Wald und so gesehen war es schon wieder eine Klimaveränderung, die die Entwicklung hin zum Menschen in Schwung brachte. War das der Grund für den Abstieg von den Bäumen, hinaus aus der relativen Sicherheit ihrer Höhe und hinab in Feindesland, wo Angriffe schneller Raubtiere drohten?

Konnten beim aufrechten Gang Nahrung oder auch Babys leichter transportiert werden, weil die Hände frei waren? Ging es schlicht darum, im hohen Gras besser zu sehen? Denn als Vierbeiner sahen unsere Vorfahren im dichten Gras kaum weiter als bis zu ihrer Na-

„In den Randbereichen des Waldes kann man nicht mehr hangeln, sondern muss sich häufiger auf dem Boden fortbewegen", meint der Wissenschaftler Friedemann Schrenk von der Universität Frankfurt.

senspitze. Also reckten sie sich. Anfangs nur ein bisschen, dann immer mehr und schließlich wurden sie zu Zweibeinern. So wurden sie auch größer und konnten Feinde oder auch die Nachbarhorde, die sich noch nicht aufgerichtet hatte, leichter einschüchtern. In aufrechter Haltung war es einfacher, Stöcke und Steine drohend hochzuhalten und zu signalisieren: „Wenn ihr näher kommt, kriegt ihr eins verpasst!"

Die Geschichte des Menschen beginnt mit der Zweibeinigkeit

Irgendwann wurde aus dem Vierbeiner ein Zweibeiner und damit beginnt die Geschichte des Menschen. Der Körperbau bildete sich entsprechend aus, wenn auch vermutlich der Kopf noch eher dem des Affen glich. Entscheidend für die Weichenstellung zum Weg des Menschen ist auf jeden Fall nicht alleine die Weiterentwicklung des Gehirns, sondern die Erfindung des aufrechten Gangs. Und das geschah, da ist man sich heute ziemlich sicher, noch im Wald oder in dessen Randgebieten. Die bisherigen Vorstellungen, wonach unsere Vorfahren zuerst hinaus in die Savanne gegangen sind, sich dort aufgerichtet haben, um über das Gras hinweg nach Feinden oder Essbarem Ausschau zu halten, wurde über Bord geworfen: Zu gefährlich war das offene Land, zu stark und schnell die Feinde. Ganz abgesehen davon gab es in der Savanne viel weniger Nahrung.

Der Schriftsteller John Reader, der sich auf naturwissenschaftliche Themen spezialisiert hat, fasst in seinem bekannten Werk *Aufstieg des Lebens* zusammen:

>> Die Evolution der höheren Primaten ist gekennzeichnet durch die Entwicklung des beidäugigen räumlichen Sehens, zum Greifen geeigneter Hände und eines vergrößerten Gehirns. **

101

Lucy in the sky

Eine Gruppe behaarter affenähnlicher kleiner Lebewesen geht aufrecht durch eine weite Steppenlandschaft. Zu erkennen sind einige männliche und weibliche Erwachsene und mehrere Kinder. Im Hintergrund stehen hohe schirmartige Bäume. Giraffen fressen Blätter von den hohen Ästen. Eine Herde Gnus zieht in der Ferne vorüber. Als sie Raubkatzen entdecken, die sich im Schatten eines Baumes träge rekeln, warnt der Anführer der Gruppe die anderen mit kurzen abgehackten Lauten:

„Argh! Argk!"

Dabei deutet er aufgeregt in Richtung der Raubtiere. Die Zweibeiner beschleunigen sofort ihren Lauf. Ein kleines Kind klammert sich ängstlich schreiend an die Brust seiner Mutter. Eine Löwin erhebt sich, streckt sich träge, sieht herüber. Zwei Männer heben in angespannter Haltung Tierknochen, Reste eines Mahls, hoch und schütteln sie drohend in Richtung der Raubkatzen.

Weitere Tiere werden aufmerksam und setzen sich in Bewegung.

Plötzlich setzt ein heftiger Regenguss ein. Es schüttet nur so vom Himmel. Die Löwen ziehen sich zurück. So schnell sie nur können, durchqueren die Zweibeiner eine Fläche mit Vulkanasche. Sie erreichen am Felsabhang, der die Ebene begrenzt, die schützende Höhle.

Der Tropenregen hört schlagartig wieder auf. Die sofort wieder mit aller Kraft vom Himmel brennende Tropensonne backt die Spuren der Flüchtenden fest in die Asche der Lava ein.

Über drei Millionen Jahre später, im Jahre 1973, ist der 30-jährige amerikanische Wissenschaftler Donald Johanson mit seinem Team am Fluss Awash im Gebiet des Stammes Afar in Äthiopien unterwegs auf der Suche nach Spuren erster Affenmenschen. Es ist dieselbe Region, welche diese Gruppe Vormenschen einst durchquerte, als der heftige Tropenschauer sie überraschend vor dem Angriff der Löwen rettete.

An einem Nachmittag fand Johanson mehrere Knochen eines Affen – dachte er zumindest. Er erkannte Teile eines Schienbeins und eines Oberschenkelknochens. Doch als er sie zusammenlegte, passte es nicht so, wie es bei einem Affenskelett sein sollte. Erst in einer abgewinkelten Stellung sah die Sache anders aus.

Ein Ruf des Erstaunens und der freudigen Überraschung hallte über die Ebene: Hier handelte es sich nicht um das Bein und das Kniegelenk eines Affen, sondern um das eines aufrecht gehenden Wesens, eines Hominiden.

Johanson hatte das zu jener Zeit bei Weitem älteste Kniegelenk aufgespürt, das jemals gefunden worden war.

Ein Jahr später veränderten weitere Funde von Johanson und seinen Mitarbeitern in der Afar-Gegend die Theorien über die frühe Geschichte der Menschheitsentwicklung endgültig. Sie fanden 40 Prozent des Skeletts einer neuen Art, die, wie alle Merkmale von Schneidezähnen bis Schädelgröße, Kiefer- und Gelenkteile zeigten, einem Wesen gehört haben musste, das bereits mehr Mensch als Affe war und vor drei Millionen Jahren die Savannen Ostafrikas bevölkert haben musste.

Das Skelett erhielt den Namen „Lucy", weil das Team im Camp abends überglücklich über ihren Fund in Bierlaune den Beatles-Hit *Lucy in the sky with diamonds* hörte.

Lucy wurde das berühmteste Fossil, das je gefunden wurde.

Wer aber war „Lucy"? War sie das so lange gesuchte Bindeglied zwischen Affe und Mensch? In Tansania wurden später die ältesten Fußabdrücke entdeckt, die je gefunden wurden. Sie hatten 3,6 Millionen Jahre überdauert. Auch diese Vormenschen waren schon aufrecht gegangen.

Ardi

Im Oktober 2009 wurde eine weitere wissenschaftliche Sensation bekannt gegeben: der Fund eines Fossils in der Afar-Senke im Nordosten Äthiopiens. Bei diesem rund 4,4 Millionen Jahre alten Skelett soll es sich um eine weibliche Vorfahrin des Menschen handeln. „Ardi" (wissenschaftliche Bezeichnung: Ardipithecus ramidus) war etwa 1,20 Meter groß, 50 Kilogramm schwer und konnte bereits aufrecht gehen. Demnach wäre diese Ur-Ahnin des modernen Menschen noch rund anderthalb Millionen Jahre älter als Lucy und würde unter den fossilen Funden der Vormenschen die neue Nummer eins werden.

Jede Menge Fragen bis heute

Der ganze Weg zur Menschwerdung steckt noch voller Rätsel. Zu wenige Fossilien hat man gefunden, als dass sie Licht ins Dunkel bringen könnten. Doch die wenigen Funde haben der Forschungsgeschichte immer wieder neue Wendungen gegeben. Und wer weiß, was noch so alles in afrikanischen Höhlen schlummert und nur darauf wartet, zur Weltsensation zu werden und alle Rätsel zu lösen.

Zusammenfassend kann man sagen: Aus dem Affen entwickelte sich vor sieben bis acht Millionen Jahren der Menschenaffe. Daraus dann die Gattung Homo mit den verschiedenen Weiterentwicklungen vom Homo habilis bis zum Homo erectus. Aus diesem entstanden, so die Theorie, die beiden bekanntesten Unterarten des modernen Menschen: der Homo sapiens und der Homo sapiens sapiens, zu dem wir heute zählen, und als Abspaltung der Homo neanderthalensis, der aus noch unbekannten Gründen wieder ausgestorben ist.

„Stammbusch"

Einen gradlinigen Stammbaum des Menschen gibt es jedenfalls nicht. Eher einen stark verzweigten, struppigen „Stammbusch", dessen Wachstum noch nicht abgeschlossen ist, schreibt Harald Lesch in seinem Buch *Die kürzeste Geschichte allen Lebens*. „Die menschliche Geschichte entpuppt sich als ereignis- und artenreicher, vor allem als weitaus älter als jemals angenommen."

Es ist an dieser Stelle nicht möglich, alle Verzweigungen des „Stammbusches" aufzuführen. Sicher scheint zu sein, dass unser aller Wiege in Afrika stand. Funde aus Äthiopien, Tansania, Kenia, dem Tschad und Südafrika belegen das. Außerdem beweisen es die Untersuchungen mit den Methoden der modernen Gentechnik. Man

Überblick über den „Stammbusch":

„Lucy" zählt man zum „Australopithecus afarensis". In einem südafrikanischen Steinbruch fand man Knochen von „Australopithecus africanus", immerhin bereits einen halben Meter größer als „Lucy" und von größerem Schädelvolumen.

„Homo rudolfensins", dessen Spuren man in Kenia entdeckte und auf ein Alter von 2,5 bis 1,8 Millionen Jahren datierte, soll bereits als erster Vertreter der Art „Homo" (lat. für „Mensch") primitive Steinwerkzeuge hergestellt haben.

Noch besser im Anfertigen von Werkzeugen scheint der „geschickte Mensch", Homo habilis, gewesen zu sein, wie Funde in Tansania zeigen.

Vor 1,8 Millionen Jahren erschien der „Homo erectus" (der „aufgerichtete Mensch") auf dem afrikanischen Kontinent. Er war uns heutigen Menschen mit einer Größe von etwa 1,60 bis 1,70 Metern und einem Gehirnvolumen von bis zu 1.250 Kubikzentimetern bereits sehr ähnlich. Dieser Mensch stellte Werkzeuge her, konnte mit dem Feuer umgehen, bereitete sich schon Mahlzeiten aus gebratenem Fleisch und entwickelte sich zum Allesfresser.

Vom „Homo erectus", so die Theorie, sollen sich der Neandertaler („Homo neanderthalensis") und der „Homo sapiens" – also wir, die heutigen Menschen – abgespalten haben.

fand zwar auch Spuren, die belegen, dass bereits vor über einer Million Jahren unsere Vorfahren in anderen Weltgegenden lebten, in China zum Beispiel, wo Reste des nach seinem Fundort genannten „Peking-Menschen" von der Gattung „Homo erectus" gefunden wurden. Wie kam er bis ins heutige China? Bisher konnte noch niemand die Frage beantworten. Vergleiche der menschlichen Erbsubstanz untermauern dennoch die Theorie der Herkunft aus Afrika.

Auf diesem Kontinent lebten sicherlich mehrere Formen der menschlichen Art in verschiedenen Regionen zur gleichen Zeit. Manche Gruppen werden wegen Veränderungen des Klimas und anderen Naturkatastrophen den Tod gefunden haben. Auch das Nahrungsangebot wird Entwicklungen gefördert, behindert oder abgebrochen haben. Die Evolution gab ihnen die falschen Mutationen. Sie waren nicht in der Lage, sich anzupassen. Viele Arten, die im Laufe der Zeiten auf der Erde entstanden, starben aus. Sie wurden aus dem Strom des Lebens „aussortiert", so grausam sich das auch anhört.

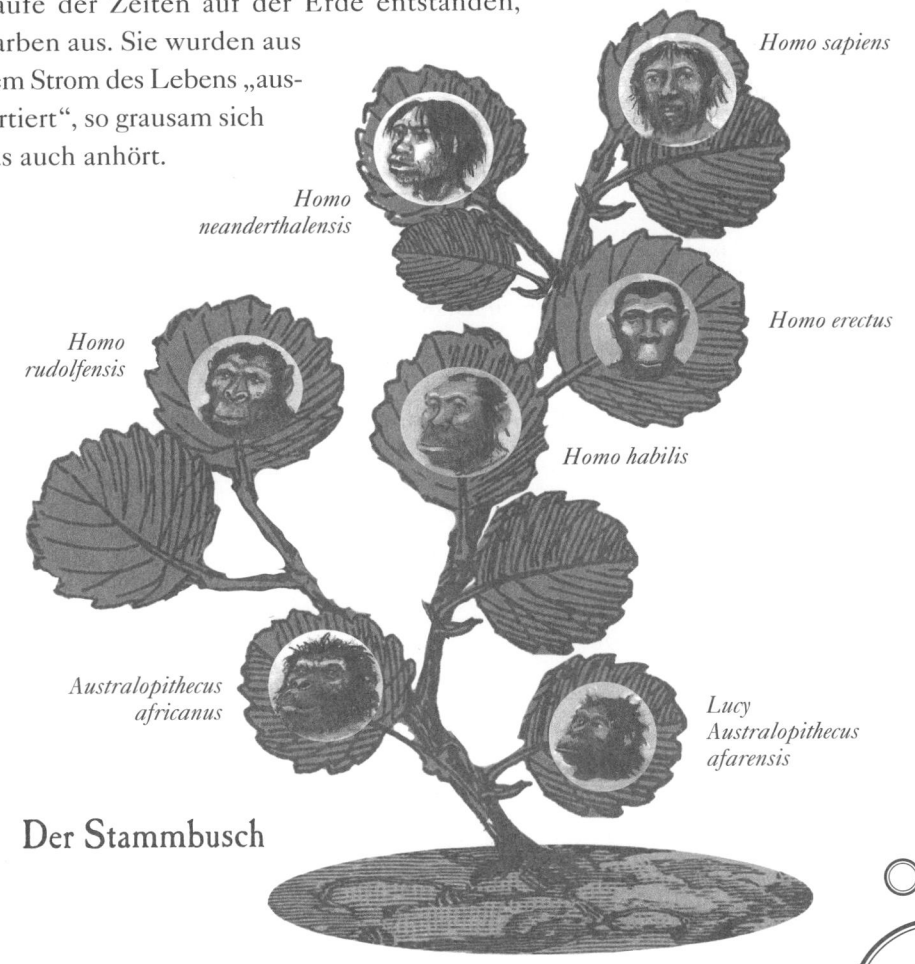

Homo sapiens

Homo
neanderthalensis

Homo erectus

Homo
rudolfensis

Homo habilis

Australopithecus
africanus

Lucy
Australopithecus
afarensis

Der Stammbusch

Zeittafel

27. Dezember

Vor 65 Millionen Jahren: Meteoriteneinschlag auf einer mexikanischen Halbinsel. Es wird über viele Jahrhunderte dunkel und kalt auf der Erde. In der Folge sterben die Dinosaurier aus.

Die Herrschaft der Säugetiere beginnt.

Die Wanderung der Kontinente gibt langsam der Erde ein Gesicht, wie wir es heute kennen. So löste sich zum Beispiel Südamerika von Afrika und trieb nach Westen, während Nordamerika von Grönland abriss.

28. Dezember

Vor 50 Millionen Jahren: Affen entwickeln sich aus Insektenfressern, die auf den Bäumen leben.

In den folgenden Jahrmillionen tauchen die verschiedenen Primatenarten wie zum Beispiel „Ida", Gibbons, Orang-Utans und Gorillas auf.

Orang-Utan

Im Verlaufe des 31. Dezember

Vor sieben Millionen Jahren: Der Abstieg von den Bäumen beginnt. Der aufrechte Gang entwickelt sich.

Vor vier Millionen Jahren: Lucys Ahnen, zum Beispiel „Ardi", wagen sich aus dem geschützten Wald hinaus in die gefährliche Savanne.

Vor drei Millionen Jahren: Lucy zieht mit ihrer Gruppe durch die ostafrikanische Ebene.

Vor zwei Millionen Jahren: Das zweibeinige Wesen (Homo habilis) fängt an, Werkzeuge zu gebrauchen. Das Gehirn vergrößert sich.

Vor anderthalb Millionen Jahren: Die Ausbreitung des Homo erectus, des „aufrechten Menschen", beginnt von Afrika aus. Er wandert nach Europa und nach Asien.

31. Dezember, gegen 22.30 Uhr

Vor 150.000 Jahren: Der Neandertaler erscheint, später der Homo sapiens, beide sind Abspaltungen von Homo erectus.
   Das Jahr ist fast zu Ende.

31. Dezember, um 23 Uhr

59 Minuten und 28 Sekunden werden die Pyramiden gebaut.

31. Dezember, um 23 Uhr

59 Minuten und 47 Sekunden wird Jesus Christus geboren; drei Sekunden vor Jahresende entdeckt Kolumbus Amerika; eine Sekunde vor Mitternacht lebt Goethe, der deutsche Dichterfürst.

Soziales Leben

Das Leben in der Familie, in der sozialen Gruppe, war für die Frühmenschen ebenso wichtig wie für uns Menschen heute. Wie wichtig
es für das Überleben sein kann, in Gruppen zu jagen und sich vor
Feinden zu schützen, hatten sie immerhin schon von den Affen mitbekommen.

98,7 Prozent genetische Übereinstimmung zwischen Menschen und Schimpansen

Die Frühmenschen lernten die Umwelt richtig einzuschätzen, Werkzeuge und Waffen herzustellen. Sie fingen an, immer bessere Tech-
niken des Jagens zu entwickeln. Das Nahrungsangebot wurde dadurch reichhaltiger. Sie aßen mehr Fleisch. Durch das tierische Eiweiß
kam es zu einer Vergrößerung des Gehirns, was wiederum die weitere
Entwicklung unserer Vorfahren beeinflusste. Sie breiteten sich aus.
Vor 1,5 Millionen Jahren begannen Wanderungen. Neue Lebens-
räume wurden gesucht. Wissenschaftler fanden genügend Beweise
dafür, dass sich die Menschen unter anderem bis nach China, Indien
und Java und vor 50.000 Jahren auch nach Australien und Nordeu-
ropa ausbreiteten.

Der Mann im Fellmantel

Eine gedrungene kräftige, in einen groben Fellmantel gehüllte
männliche Gestalt steht, den Holzspeer in der Faust, auf einen Fang
lauernd an einem Bachlauf am Fuße einer Bergkette. Das Gesicht
des Mannes wirkt grob mit plumper Nase, fliehendem Kinn und vor-

gewölbter Stirn. Eine plötzliche Bewegung am anderen Ufer lässt ihn aufblicken: Dort erscheint ein unbekanntes Wesen, ein Fremder, eine aufrechte stolze Figur wie von einem anderen Stern.

Ein Gott? Groß und schlank, mit starker selbstbewusster Haltung steht er unbeweglich da. Ketten aus Knochenkugeln schmücken ihn, bedecken seinen nackten, fast unbehaarten Oberkörper; er trägt Ohrringe aus Tierzähnen, sein langes Haar ist mit einem Band zusammengehalten, seine Beinkleidung und seine Stiefel sind aus Tierhaut und Leder. Der Fremde wirkt fast schon elegant im Vergleich zu dem Primitiven im Fellmantel.

Dieser stößt drohende Laute aus, schwingt seinen Speer. Der Fremde scheint wenig beeindruckt, blickt unverwandt herüber. Der Mann im Fellmantel zieht sich langsam Schritt für Schritt zurück.

Vor der Höhle in der Felswand brennt ein Feuer. Mehrere Männer, Frauen und Kinder, alle in Fell gekleidet, kauen auf Fleischstücken, die sie aus der Asche holen. Der Mann vom Bach erscheint und gestikuliert aufgeregt mit seinem Speer vor den anderen. Die Männer springen auf, greifen zu ihren Waffen. Die Frauen ziehen sich mit den Kindern ängstlich in das Dunkel der Höhle zurück.

In einiger Entfernung erscheinen mehrere Fremde. Alle sind größer als die Menschen am Feuer. Die Fremden nähern sich vorsichtig dem Feuer. Beide Gruppen beobachten sich einige Minuten abwartend. Dann hebt der Anführer die Hand zum Gruß.

Diese Szenen, welche XaphoX' Kameras hier aufnahmen, zeigen ein erstes symbolträchtiges Zusammentreffen vor ungefähr 50.000 Jahren. Vor der Höhle lagern die grobschlächtig wirkenden, seit Zehntausenden von Jahren ums Überleben kämpfenden Neandertaler (Homo neanderthalensis). Ihre Art lebte über 100.000 Jahre in Europa, Vorderasien und auch schon in Nordafrika. Die Fremden, die auf ihrer Wanderung hier vorbeikamen, gehören zur Art Homo sapiens. Beide, Neandertaler und Homo sapiens, sind Nachkommen des Homo erectus, dessen Ursprung auf dem afrikanischen Kontinent liegt.

Besser als sein Ruf

Der Neandertaler war keineswegs eine schwachsinnige Witzfigur. Sein Hirn war, wie Untersuchungen der Schädelformen belegen, nicht kleiner, sondern eher größer als das des Homo sapiens. Für seine Fähigkeiten spricht auch, dass er sich viele Zehntausend Jahre auf der Welt gehalten hat. Er erzeugte Feuer mit Schwefelkies und Feuerstein, er bestattete seine Toten, es fanden sich gut ausgestattete Grabstätten bei Samarkand. Vielleicht war er sogar religiös. Auf jeden Fall war er sehr sozial und pflegte seine Alten und Kranken.

Warum verschwand er? Was bewirkte das Zusammentreffen mit dem Homo sapiens? Gab es Kriege? Wurde er von den Fremden vernichtet oder sogar verspeist, wie eine Theorie behauptet? Oder gab es friedliche Handelsbeziehungen? Haben sich die beiden Arten gar vermischt?

Genaues weiß man nicht. Tatsache ist nur, dass der Neandertaler vor rund 30.000 Jahren von der Welt verschwand und der Homo sapiens sich ungehindert ausbreiten konnte.

Sieger im Evolutionsrennen

Homo sapiens, von der Wissenschaft auch Cro-Magnon-Mensch genannt, nach dem gleichnamigen Ort in Südfrankreich, wo 1868 fünf etwa 25.000 Jahre alte Skelette dieses Menschentyps gefunden wurden, hat das Evolutionsrennen gegenüber dem bis dahin herrschenden Neandertaler gewonnen. Er produzierte nicht nur bessere Werkzeuge und Waffen, sondern sogar Kunst. Man fand Felsmalereien in nordspanischen und südfranzösischen Höhlen von hoher künstlerischer Qualität; geschnitzte Tierfiguren, Flöten aus Knochen, Schmuck aus Elfenbein und Horn und zahlreiche feine Werkzeuge, Nadeln, Bohrer, Gerät zur Herstellung von Kleidung, Pfeil und Bogen, Harpunen. Homo sapiens breitete sich in Europa, Nordafrika und bis in den Nahen Osten aus. Funde belegen, dass diese Menschen unter anderem vor rund 46.000 Jahren in Australien, vor 35.000 Jahren in Sibirien, vor 30.000 in Nordamerika einwanderten.

Der Homo sapiens setzt sich gegen den Neandertaler durch

Der Neandertaler lebte, wie angenommen wird, vorwiegend in familiären Kleingruppen. Homo sapiens schloss sich bereits zu größeren Verbänden zusammen. Er scheint sich mit einer Sprache verständigt zu haben und somit weit besser in der Lage gewesen zu sein, Pläne zu schmieden, seine Beobachtungen mitzuteilen und das Verhalten von anderen zu beurteilen. Vielleicht waren das alles Gründe, warum er sich gegen den bis dahin herrschenden Neandertaler durchsetzte.

So ausgestattet, nicht zuletzt auch mit den Fähigkeiten, sich mit Kleidung und schützenden Behausungen an unwirtliche Bedingungen anzupassen, eroberte Homo sapiens große Teile der Erde. Ungefähr 10.000 v. Chr. wurde er langsam sesshaft. Bei genaueren wissenschaftlichen Untersuchungen zeigte sich, dass die Cro-Magnon-Funde so gut wie keine anatomischen Unterschiede zu den heute lebenden Menschen aufweisen. Genetisch sind sie unsere direkten Vorfahren, unsere Omas und Opas sozusagen.

Alle heute lebenden Menschen sind von der Art Homo sapiens sapiens. Er hat es geschafft, im Laufe der Zeiten alle anderen Hominidenarten zu verdrängen und als Sieger hervorzugehen. Er entwickelte die Sprache, baute Hütten, Siedlungen, Dörfer, Städte. Er passte sich in seiner Kleidung den widrigsten Bedingungen an. Er baute Verkehrswege und erfand Verkehrsmittel; erfand die Schrift und das Papier; lernte die Metallverarbeitung und machte sich zahlreiche handwerkliche Kunstfertigkeiten zu eigen.

Homo sapiens wurde vom Jäger zum Händler und zum Bauern, vom Nomaden zum Sesshaften. Er lernte, das Land immer besser zu nutzen und das Nahrungsangebot zu erweitern; er organisierte sich in immer größeren Gesellschaften und schuf entsprechende Regeln dafür.

Bis zum heutigen Tag ist Homo sapiens deshalb auch damit beschäftigt, Probleme, die er sich selbst geschaffen hat, zu beseitigen. So machte er im Laufe der Zeiten immer wieder Versuche, die Ungleichheiten und Ungerechtigkeiten zwischen den Menschen abzuschaffen oder zu verhindern, dass die Starken die Schwachen unterdrücken.

Am seidenen Faden

Die ganze Sache mit der Evolution und der Menschwerdung hing von vielen Zufällen ab. Soweit wir bisher wissen, ist Leben in unserem Sonnensystem nur auf der Erde möglich. Verliefe ihre Bahn um die Sonne nur wenige Millionen Kilometer näher an unserem Heimatstern, wäre es viel zu heiß für das Leben, oder nur etwas weiter entfernt und alles wäre in der Kälte erstarrt.

Und wenn es vor ein paar Milliarden Jahren keine Supernova-Explosion in der Gegend gegeben hätte, wäre keine Sonne entstanden und auch keine Planeten und erst recht keine Elemente wie zum Beispiel Kohlenstoff, aus denen unsere Welt geschaffen ist.

Wenn, wenn, wenn … kurz, die Tatsache, dass wir überhaupt da sind, hing an vielen verschiedenen Fäden. Mathematiker haben eine

Eins mit über 10.000 Nullen ausgerechnet, die besagen soll, so viele andere Möglichkeiten hätte es geben können, bei denen die Entwicklung ganz anders verlaufen wäre.

Doch da es nun einmal so gelaufen ist und das Leben entstand, bis schließlich wir, die Menschen da waren und gelernt haben, Fragen nach unseren Ursprüngen zu stellen, sollten wir das auch weiter tun auf einer Reise weit hinaus in den Raum und zurück in der Zeit, bis wir an den Rand des Universums kommen!

Vierter Teil

Am Himmel ist alles Vergangenheit

Back to the roots

Was war ganz am Anfang?

Wie entstand die Welt?

Wie sah das Universum aus, bevor es die Erde und das Leben gab?

Wie ist das mit dem Urknall, dem Big Bang?

Es gibt nur eine Möglichkeit, um Antworten auf diese Fragen zu finden. Es ist die Gedankenreise, die fiktive Reise durch den Kosmos, zurück in der Zeit bis an den Beginn des Universums. Zurück zu den Wurzeln.

Seit etwa drei Millionen Jahren ist der Mensch da. Soviel man weiß, ist er das einzige Lebewesen, das wissen will, wo es herkommt. Und das neugierig darauf ist zu erfahren, wie das mit dem Beginn des Universums war.

Daher wird im folgenden Abschnitt die große Reise zurück durch Raum und Zeit bis an den Anfang der Welt unternommen.

Im Weltbild der Griechen war die Erde eine Scheibe.

Weltbilder

Im Weltbild der Griechen war die Erde eine Scheibe.

Nach der lange gültigen Vorstellung von **Claudius Ptolemäus** (ca. 100–180), Geograf und Astronom in Alexandria, drehen sich alle Planeten und die Sonne und alles andere um die Erde.

An dieser Meinung wurde 1.400 Jahre lang nicht gerüttelt, bis **Nikolaus Kopernikus** (1473–1543) die Erde aus der Mitte der Welt vertrieb und die Sonne stattdessen dorthin setzte. Lange schrieb er an seinem Hauptwerk *(De Revolutionibus Orbium Coelestium)*, das von den Kreisbewegungen der Himmelskörper handelt. Kopernikus nahm an, dass sich die Planeten in kreisförmigen Bahnen um die Sonne bewegen und die Erde sich täglich einmal um ihre eigene Achse dreht.

Das Uhrwerk des Sonnensystems, die elliptischen Bahnbewegungen der Planeten um die Sonne, errechnete **Johannes Kepler** (1571–1630). Der kaiserliche Hofmathematiker und Astronom untermauerte durch umfangreiche Berechnungen, gestützt auf die genauen Himmelsbeobachtungen des dänischen Astronomen **Tycho Brahe** (1546–1601) das Weltbild des Kopernikus, das die Sonne in den Mittelpunkt der Planetenbahnen stellte. Noch heute sind Keplers Formeln Grundlagen der Raumfahrt.

Warum aber fliegen die Planeten nicht einfach davon? Kepler vermutete Magnetismus dahinter, bis **Isaac Newton** (1642–1727) als Erklärung für die Planetenbewegungen die Schwerkraft (Gravitation) als Ursache lieferte.

Die alten Griechen sahen die Sterne noch als angeheftete helle Punkte an einer die Erde überspannenden Atmosphäre an. In den letzten beiden Jahrhunderten wurden mithilfe immer besserer Be-

obachtungsinstrumente und verfeinerter Messmethoden nach und nach die ungeheuren Ausmaße des Weltalls deutlicher. Aber bis heute kann seine tatsächliche Größe nur abgeschätzt werden. Einer, der die moderne Astronomie entscheidend voranbrachte, war **Edwin Hubble** (1889–1953). Nach ihm wurde das Hubble-Teleskop benannt, das um die Erde kreist. Mit ihm ist es möglich, bis an die Grenzen des Raumes zu schauen. Hubble entdeckte, dass die Andromeda-Galaxie weit außerhalb unserer eigenen Milchstraße liegt und dass sich alle Sternensysteme voneinander entfernen, als würden sie von einer unsichtbaren Kraft auseinandergetrieben.

Albert Einstein (1879–1955) schuf Anfang des 20. Jahrhunderts schließlich eine völlig neue Vorstellung vom Universum. In seiner speziellen (1905) und seiner allgemeinen (1915) Relativitätstheorie wirft er die bis dahin geltenden Vorstellungen von Zeit und Raum über den Haufen. Davon später mehr.

Das Licht ist eine Zeitmaschine

„Ich bin nicht sicher, ob ich jemals wirklich einen Stern gesehen habe", sagte der zu Beginn des 19. Jahrhunderts weltberühmte Astronom Sir Arthur Stanley Eddington. Er hatte sein ganzes Berufsleben lang

durch Teleskope geblickt, den Himmel durchmustert, unsere Milchstraße ausgemessen, ferne Galaxien mit Milliarden Sternen entdeckt
und Einsteins allgemeine Relativitätstheorie mit einem Beobach-
tungsexperiment bewiesen.

Und er war nicht sicher, jemals einen Stern gesehen zu haben?

Sir Eddington hatte mit seiner vielleicht nicht ganz ernst gemein-
ten Bemerkung recht: Er hat durch seine Teleskope immer nur die
Vergangenheit gesehen, niemals die Gegenwart.

Das muss näher erklärt werden!

Man sieht ein Ereignis früher, als man es hört

Die meisten Menschen wissen, dass der Schall eine bestimmte Geschwindigkeit hat. Aber das Licht ist viel, viel schneller. Mit rund
300.000 Kilometern pro Sekunde saust es durch die Gegend. Wenn
man ganz hinten am Ende der Straße eine Dampframme bei der Arbeit sieht, die Eisenpfeiler für den neuen Straßentunnel in die Erde
haut, hört man den Aufprall des schweren Hammers
etwas verzögert, sozusagen asynchron zu
dem Bild, das man sieht. Oder man
beobachtet von einem Hügel aus
ein Feuerwerk in der Ferne. Das
Krachen der Knallkörper, das
Zischen der Raketen folgt viel
später. Die optischen Bilder
des Spektakels erreichen das
Auge deutlich schneller als die
Geräusche das Ohr. Auch die
Blitze des fernen Gewitters
sind viel früher da als das Grol-
len des Donners.

„Ich habe dich gesehen"

In seinem Buch mit literarischen Science-Fiction-Geschichten *Cosmicomics* schreibt Italo Calvino über den unsterblichen, alle Zeiten und Räume durcheilenden galaktischen Wanderer Qfwfq. Der beobachtet eines Nachts, als er sein Teleskop auf eine 100 Millionen Lichtjahre entfernte Galaxie richtet, wie dort ein Schild aufgestellt wird mit dem Text

ICH HAB DICH GESEHEN.

Qfwfq fährt der Schreck in die Glieder: Was hat man dort gesehen? Was hat er, Qfwfq, damals angestellt, vor 100 Millionen Jahren? Nein, überlegt er, es müsste sogar 200 Millionen Jahre her sein. Die Botschaft, dass ich hier auf meinem Planeten etwas angestellt habe, brauchte ja 100 Millionen Jahre bis zu dem fernen Beobachter. Dessen Nachricht, die mich jetzt erreicht, war genauso lange unterwegs. Also liegt der Zeitpunkt, an dem man mich gesehen hat, 200 Millionen Jahre zurück.

Alles ist Vergangenheit

Auch wenn das Licht sehr schnell ist, unendlich schnell ist es dann auch wieder nicht. Gleich im nächsten Kapitel wird das näher ausgeführt werden.

Wenn jemand den Raum durch eine drei Meter entfernte Tür betritt, sieht man dieses Ereignis nicht direkt, sondern wie es vor einer hundertmillionstel Sekunde stattfand. Diese Zeitspanne ist wahnsinnig klein. Sie ist nicht zu merken und kaum messbar. Aber es gibt sie, und das heißt: Es gibt einen winzigen Zeitunterschied zwischen dem tatsächlichen Ereignis, dem Betreten des Raums und dem Zeitpunkt, an dem man es bemerkt.

Warum ist das so? Das Licht, die Lichtwellen, transportieren die Informationen, die das Auge treffen. Das braucht etwas Zeit, da die Geschwindigkeit des Lichts eben nicht unendlich schnell ist. Würde der Freund von vorhin durch eine Tür auf dem Mond gehen, würde man es durch ein Fernrohr auf der Erde bereits mit einer Verzögerung von ungefähr einer Sekunde sehen. In diesem Fall braucht das Licht ebenso lange, weil die Strecke von der Erde zum Mond etwa 300.000 Kilometer beträgt.

Gibt es die Sonne noch, wenn sie morgens am Horizont erscheint? Sie ist ungefähr 150 Millionen Kilometer entfernt. Immerhin war das Licht rund achteinhalb Minuten unterwegs, bevor es einen Teil der Menschen erreicht und uns damit die Information bringt, dass der Heimatstern noch da ist. Vielleicht ist er inzwischen explodiert und man hofft immer noch auf einen schönen sonnigen Tag.

Wenn man sich in einer klaren Nacht hinausstellt und versucht, die Sterne zu zählen, fragt man sich ganz unwillkürlich:

> Das Licht ist zwar ungeheuer schnell, aber eben doch von endlicher Geschwindigkeit. Die Bilder, die es uns liefert, sind daher nicht mehr ganz neu.

Wie viele mögen es sein? Mit bloßem Auge lassen sich, wenn nicht gerade Vollmond ist oder man sich im Lichtschein einer großen Stadt aufhält, etwa 5.000 bis 6.000 Sterne erkennen. Mit einem guten Fernglas sind es bereits 50.000.

Alle zeigen sich in einem Zustand, der weit in der Zeit zurückliegt.

Das Licht war aufgrund der großen Entfernungen sehr lange unterwegs.

Weiß man, ob sich selbst der unserer Sonne nächstgelegene Stern, Proxima Centauri, noch an der Stelle am Südhimmel befindet, an der man ihn heute sieht? Das Licht, das er aussendet, durchlief 4,3 Lichtjahre, das sind 38 Billionen Kilometer, wohlgemerkt eine Zahl mit zwölf Nullen.

Die Astronomen haben eine bestimmte Maßeinheit eingeführt, die mit der begrenzten Geschwindigkeit des Lichts zu tun hat.

Ein LICHTJAHR ist die Strecke, die eine elektromagnetische Welle wie zum Beispiel das Licht – es könnte auch eine Radiowelle oder ein Infrarotstrahl sein – in einem Jahr zurücklegt. Das sind ungefähr 9,5 Billionen Kilometer.

Eine LICHTSTUNDE, also die Strecke, die das Licht in einer Stunde zurücklegt, wäre knapp 1,1 Milliarden Kilometer, eine Lichtminute knapp 18 Millionen Kilometer.

Bei dem Beispiel mit dem Freund, der auf dem Mond durch eine Türe geht und man es mit einer Sekunde Verzögerung sehen kann, handelte es sich um eine LICHTSEKUNDE. Diese Strecke ist rund 300.000 Kilometer lang.

Die Astronomen haben eine bestimmte
Maßeinheit eingeführt, die mit der begrenzten
Geschwindigkeit des Lichts zu tun hat.

299.792,458 Kilometer pro Sekunde!

Bis Anfang des 17. Jahrhunderts glaubte man, das Licht sei unendlich schnell. Der Astronom, Physiker und Mathematiker Galileo Galilei (1564–1642) zweifelte daran. Er stellte sich mit einer verdeckten Lichtquelle auf einen Hügel. In einiger Entfernung postierte er seinen Assistenten mit einer weiteren Lampe. Er öffnete ihren Verschluss, der Assistent tat es ebenfalls, sobald er den Lichtschein sah. Galileo versuchte dann die Verzögerung zwischen dem Öffnen seiner Lampe und dem Aufblitzen der seines Assistenten zu schätzen. Das konnte nicht funktionieren, weil die Entfernung viel zu klein war und die Reaktionszeit eines Menschen zu langsam ist.

Erst dem französischen Physiker Armand-Hippolyte-Louis Fizeau (1819–1896) gelang es, die Lichtgeschwindigkeit annähernd zu messen. Genau wie Galilei schickte er einen Lichtstrahl los. Der ging durch ein schnell rotierendes Zahnrad. Ein Spiegel auf einem gegenüberliegenden Hügel reflektierte das Licht. Es kam zurück zum Zahnrad, das sich aber schon ein kleines bisschen weitergedreht hatte. Der Lichtstrahl traf, je nachdem wie schnell das Rad gedreht wurde, entweder auf eine Lücke oder einen Zacken. So konnte man die Geschwindigkeit des Lichts bestimmen. Fizeau errechnete 315.300 Kilometer pro Sekunde.

Eines der berühmtesten Experimente zur konstanten Lichtgeschwindigkeit stammt von Albert A. Michelson (1852–1931) und Edward Morley (1838–1923) aus den Jahren 1881 und 1887. Die Physiker schickten mithilfe komplizierter Geräte Lichtstrahlen einmal in Richtung der Erdbewegung um die Sonne und dann entgegengesetzt. Daraufhin maßen sie die Geschwindigkeit der Strahlen. Sie erwarteten, dass diese höher ist, wenn sie in Richtung der Erddrehung geschickt werden, weil sich die beiden Geschwindigkeiten dann addieren würden. Umgekehrt sollten die Strahlen langsamer laufen, wenn sie gegen die Erddrehung ausgeschickt werden.

Zur Verblüffung der Wissenschaftler raste das Licht nach ihren Messungen immer mit dem gleichen Tempo, egal, ob die Erde dem Licht entgegenläuft oder sich mit ihm dreht. Durch bessere Methoden wurde von anderen Physikern später der genaue Wert ermittelt: 299.792,458 Kilometer pro Sekunde.

Licht ist immer gleich schnell

Der Himmel zeigt sich uns immer so, wie er einmal war. Alles, was wir sehen, ist schon vorbei. Eine Reise in die Weiten des Weltraums ist also auch immer eine Reise in die Vergangenheit. Beliebtes Thema der Science-Fiction ist die Aufhebung der Zeit, genauer ihres Verlaufens mit der Vergangenheit, Gegenwart und Zukunft. Diese Abfolge spielt bei den Weltraumreisen keine Rolle mehr. Wenn wir schnell genug wären, könnten wir beim Blick zurück unsere Kindheit beobachten, unsere Geburt, die Jugend unserer Eltern, die Entwicklung des Lebens, das Treiben der Dinosaurier, die Entstehung der Erde, der anderen Planeten und der Sonne.

„Schnell genug" ist aber leider immer noch zu langsam, wie sich bald zeigen wird.

„Mr Beam"

Was tun, damit eine Reise durch den Weltraum möglich wird?

Ein neuartiges Raumschiff entwickeln? Schnell wie das Licht? Starten, sich dann nach Erdenzeit ein paar Tausend Jahre schlafen legen oder einfrieren lassen, bis das automatische Steuerungs- und Lebenserhaltungssystem uns wieder zurückholt und meldet: „Ziel erreicht?" Man kennt entsprechende Geschichten und Filme, in den es so abläuft.

> Das Buch *Fiasko* von Stanislaw Lem und der Film *2001 – Odyssee im Weltraum* sind berühmte Beispiele für solche Weltraumreisen.

Letztlich bringen viele Science-Fiction-Geschichten nur die Sehnsucht der Menschen zum Ausdruck, die fernen Welten des Universums zu erkunden, was heute noch nicht möglich ist.

So richtig weit weggekommen aus dem Umfeld der Erde und des Sonnensystems ist man bisher noch nicht.

Jules Verne schickte 1870 in seinem Roman *Die Reise um den Mond* die Astronauten Barbicane, Nicholl und Ardan zum Mond. Betreten wurde der Erdtrabant erst 1969 von den Astronauten Neil Armstrong und Edwin Aldrin. Seither gab es zahlreiche Fernreisen ins All.

Im September 1977 startete die amerikanische Raumsonde Voyager 1. Heute nach über 30 Jahren ist sie am Rand des Sonnensystems angelangt und sendet noch Signale. Diese laufen mit Lichtgeschwindigkeit und brauchen über 13 Lichtstunden, um die Erde zu erreichen. Die NASA erwartet, dass die Sonde noch bis 2020 aktiv sein wird. Aber auch dann wird sie noch in der Nähe unserer Sonne sein.

Den nächsten Stern würde sie mit ihrer jetzigen Geschwindigkeit frühestens in 850.000 Jahren erreichen.

Was also tun?

Beamen! Geht das? Jedes Kind kennt es: Man steht unter einer Art Dusche, ein Kommando wird gegeben, und zack!, alle Atome eines Menschen werden an einen anderen Ort transportiert und dort wie von Geisterhand wieder zusammengefügt.

„Mr Beam" würde das anders sehen. Diesen Spitznamen gab man dem Wiener Quantenphysiker Anton Zeilinger. 1997 hatte er in medienwirksamen Experimenten gezeigt, wie Informationen von Lichtteilchen (Photonen) in geisterhafter Weise auf andere, mehrere Kilometer entfernte Teilchen übertragen werden können. „Quantenteleportation" nannte es Zeilinger.

> Für Computerspieler ist die „Teleportation", also das Versenden von Information und Materie an einen anderen Ort, kein Problem. Auch im Raumschiff Enterprise bereitete es Captain Kirk und Mr Spock keine Schwierigkeiten.

Allerdings wurde bei Zeilinger und seinem Team bisher nur die Information übertragen, die Zustände der kleinen Teilchen, aber nicht die Materie selbst. Man könnte es sich so vorstellen, dass ein Photon dem anderen sagt, werde grün, und es wird grün. Viele Menschen, vor allem die Journalisten wollten von Zeilinger wissen, wann denn der erste Mensch gebeamt würde. Er musste sie vertrösten: „Von großen Objekten sind wir noch meilenweit entfernt!"

Zeilinger ist überzeugt, dass sein Team in zwei bis zehn Jahren kleine Gegenstände aus ein paar Tausend Atomen beamen kann. Außerdem soll die zurückgelegte Entfernung gesteigert werden.

Zeilinger ist überzeugt, dass sein Team in zwei bis zehn Jahren kleine Gegenstände aus ein paar Tausend Atomen beamen kann. Außerdem soll die zurückgelegte Entfernung gesteigert werden.

Ein Reiseführer zum Anfang der Welt taucht auf

Eine „Beam"-Reise in Gedanken? Ein Gedankenexperiment? Wo die Technik versagt, kann die Fantasie weiterhelfen!

In der Zeit vorwärts und rückwärts zu gehen, wäre eine gute Idee. So könnte man riesige Räume überbrücken und alles Mögliche erleben. Auch wenn der Trip durch die Welt der Sterne und Galaxien, der gelben Sonnen, roten Riesen, weißen Zwerge, der schwarzen Löcher und vieler Planeten nur ausgedacht ist …

„Hallo!"

„Wer ist da?"

„XaphoX zu Diensten. Schließlich hast du mich erfunden. Schon vergessen?"

„Ich dachte, ihr Galaktiker hättet euch wieder verdrückt, nachdem ihr gesehen habt, dass touristisch hier für euch nichts zu holen ist."

„Korrekt, inzwischen viel zu viel Gewimmel auf dem Planeten Erde. Wird immer schlimmer. Nichts für uns. Wir sind weite Räume gewöhnt, die Einsamkeit, die Ruhe."

„Habt ihr gefunden, was ihr sucht?"

„Wir haben Regionen entdeckt, die sich besser für Ferienkolonien eignen."

„Wo?"

„Im Sternbild Schwan. 3.000 Lichtjahre von hier. Paradiso 1 bis 10 heißen die zehn Trabanten um den Stern Deneb. Der ist viel heller als eure Sonne. Perfekt, dort werden sich unsere Leute wohler fühlen."

„Warum bist du dann wiedergekommen?"

„Hast du es dir nicht gewünscht?"

„Doch, irgendwie schon."

„Na bitte. Außerdem habe ich dich vermisst. Ohne mich schaffst du das nicht."

„Was denn?"

„Die Reise bis ans Ende des Universums. Oder den Anfang, wie du willst. Das hast du doch vor, oder? Eine Gedankenreise?"

„Ja."

„Dann brauchst du einen kundigen Reiseführer. Sonst wird die Sache zu groß für dich."

„Ich weiß selbst, dass der Weltraum nicht gut geeignet ist für Spritztouren …"

„Stimmt und bis zum Abendessen bist du nicht zurück. Aber für mich gilt eure Physik nicht, das solltest du inzwischen gemerkt haben. Ich bin sogar besser als ‚Mr Beam'."

„Also, was hast du vor?"

„Wir fahren zurück bis zum Anfang, zurück zum Urknall. Wir gucken uns die Sache von Nahem an. Dazu trinken wir einen Big Bäng Spezial!"

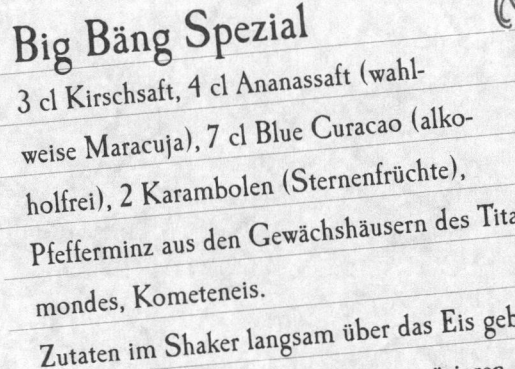

Big Bäng Spezial

3 cl Kirschsaft, 4 cl Ananassaft (wahlweise Maracuja), 7 cl Blue Curacao (alkoholfrei), 2 Karambolen (Sternenfrüchte), Pfefferminz aus den Gewächshäusern des Titanmondes, Kometeneis.

Zutaten im Shaker langsam über das Eis geben, eine Karambole und Pfefferminzblätter pürieren, unterheben, schütteln, dann vorsichtig Curacao dazugeben. Nicht mehr schütteln. Die zweite Karambole zum Garnieren aufschneiden.

„Zum Urknall? Bist du verrückt? Das überlebt kein Mensch. Ich habe keine Lust, im Urknallfeuer gar gekocht zu werden."

„Ich darf dich erinnern, dass das Ganze deine Idee war."

„Na ja, so ein Plan halt …"

„Na also. Jetzt setzen wir ihn um. Vergiss deine kleinlichen Bedenken. Entweder du kommst mit oder du bleibst hier in deiner kleinen Welt hängen."

„Na, danke sehr. Kleine Welt ist gut. Für mich reicht sie auf jeden Fall!"

„Ach, genug geredet! Los, steig endlich in die Hermes ein."

„Dein silbernes Raumschiff, der Götterbote?"

„Ja, du kennst es."

„Es war schon bei der Entstehung der Erde und des Lebens dabei?"

„Es ist genauso unzerstörbar wie ich. Wir haben es generalüberholt, einen neuen Supergenerator mit allerhand Spezialeffekten eingebaut, den brauchen wir für die Reise."

„Warum?"

„Mach dich gefasst auf ungeahnte Gefahren …"

„Dann sollten wir es vielleicht besser lassen, Androide."

„Unsinn. Wir nehmen die Herausforderung an. Fantasie ist zu allem fähig. Hast du selbst gesagt."

Von Regentropfen, Weintrauben und Tennisbällen

Bei den Beschreibungen des Weltalls finden sich oft die Wörter „Weite" und „leerer Raum". Es werden allerhand Zahlenspielereien veranstaltet, um zu demonstrieren, dass sich zum Beispiel überall im Universum durchschnittlich nur 0,2 Atome pro Kubikmeter finden lassen. Wenig los also, genau genommen handelt es sich um ein komplettes Nichts. Ein solches Vakuum ließe sich auf der Erde auch mit den modernsten Hochleistungspumpen niemals erzeugen.

> Kleiner Vergleich: Die Lufthülle, die unseren Planeten umgibt, besteht aus 30 Quadrillionen Atomen pro Kubikmeter. Das ist eine Drei mit 25 Nullen.

Anschauliche Beispiele über die Dichte der Sterne bringt Hoimar von Ditfurth in seinem Buch *Kinder des Weltalls:*

Man verkleinere die Sterne in der Nachbarschaft der Sonne auf die Größe eines Regentropfens von nur einem Millimeter Durchmesser. Dann würde ein Tropfen in Köln fallen, der nächste in Wiesbaden, dann einer in Würzburg, in Stuttgart und so weiter, alle im Abstand von etwa 100 Kilometern.

Oder man stelle sich die Sterne so groß wie Weintrauben vor. Dann wäre eine in München zu finden, die nächste in Kopenhagen, die übernächste in Helsinki und danach müsste man bereits bis zum Nordpol gehen, um wieder auf eine Traube zu stoßen.

Würde man mit einem riesigen Himmelszirkel einen Radius von 17 Lichtjahren um die Sonne schlagen, hätte man rund 60 andere Sterne eingefangen. Der Astronom Peter van de Kamp und seine Kollegin Sarah Lee Lippincott beschrieben diese Nachbarschaft als „etwa 60 kleine Kugeln – Tennisbälle, Golfbälle, Murmeln und eine Vielzahl noch kleinerer Gegenstände –, die wie zufällig in einer Kugel von der Größe unserer Erde verteilt sind".

Kurz, es ist wirklich die große Leere, auch wenn es beim Blick in den Himmel besonders in klaren Sommernächten von der Südhalbkugel aus ganz anders aussieht. Da wimmelt es nur so von Tausenden und Abertausenden Lichtpunkten. Es ist ein einziges Glitzern und Strahlen, Funkeln und Leuchten.

In diesem Gewimmel kann man dieses oder jenes Sternbild erkennen: Man stellt sich ein großes oder kleines Tier vor und verknüpft es mit dem persönlichen Schicksal. Astrologen deuten mithilfe der Sternbilder die Gegenwart und sagen die Zukunft voraus.

Das war bereits im alten China und Ägypten so. Die Astrologen und Sternendeuter lasen in den Himmelszeichen den göttlichen Willen. Alle Welt glaubte, die Bilder dort oben seien für ewige Zeiten festgeschrieben.

Aber die Wahrheit sieht anders aus:

Alles bewegt sich!

Da, der Große und Kleine Wagen, der Stier, der Bär, der Löwe, das Sternbild des Schwans! Man erkennt am Nachthimmel mit etwas Vorstellungskraft Bilder und Zeichen. Was man natürlich nicht erkennen kann, ist, dass die einzelnen Sterne in den Bildern überhaupt nicht zusammengehören. Sie stehen in ganz unterschiedlichen Entfernungen am Himmel, gehören keiner gemeinsamen Gruppe an, laufen verschiedene Bahnen am Himmel. Einen Löwen kann man heute mit etwas Fantasie im gleichnamigen Sternbild ausmachen.

Laut Computerberechnungen wird er in einer Million Jahren eher wie ein riesenhaftes Teleskop aussehen. Der Große Bär sah, als die Frühmenschen vor über zwei Millionen Jahren in den Nachthimmel über der Savanne blickten, eher wie ein gezacktes Messer aus.

Die Planeten unseres Sonnensystems bewegen sich. Das kann man beobachten. Würde sich die Erde nicht um sich selbst drehen, wäre auf einer Seite immer Tag und auf der anderen immer Nacht. Der riesige Jupiter steht im Oktober strahlend hell über dem Mond. Den Saturn sieht man mit seinem herrlichen Ringsystem im Amateurfernrohr über den Südhimmel ziehen. Andere Beispiele sind der rötlich schimmernde Mars und die Venus, der Abendstern, die uns im Jahreslauf von stets veränderten Positionen aus leuchten.

Aber nicht nur die Planeten, sondern auch die viel weiter entfernten Sterne bewegen sich. Man kann das mithilfe früher gemachter Bilder messen und vergleichen. Als Mitglied der großen Sternfamilie der Milchstraße dreht sich die Sonne zusammen mit ihrer Planetenfamilie in 250 Millionen Jahren einmal um das Zentrum unserer Heimatgalaxis. Die ganze Milchstraße dreht sich mit ihren Milliarden Sternen wie ein Riesenkarussell. Vor Milliarden Jahren wurde ihr ein Schwung gegeben, der bis heute ausreicht.

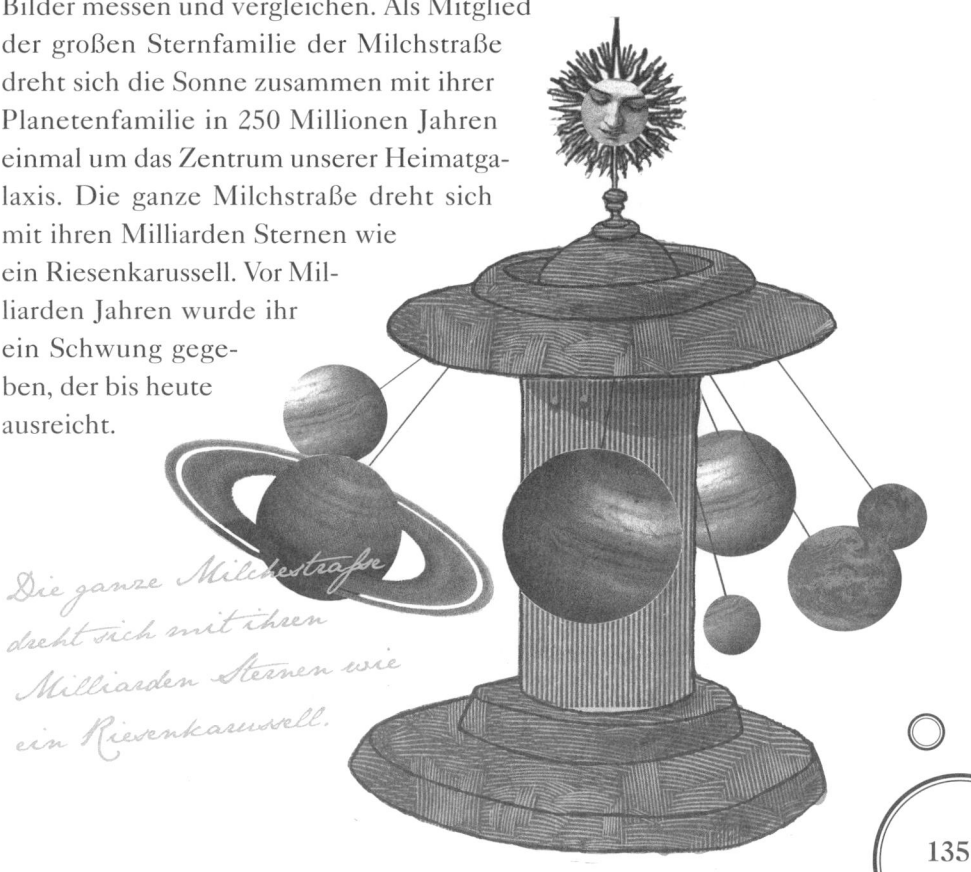

Die ganze Milchstraße dreht sich mit ihren Milliarden Sternen wie ein Riesenkarussell.

Schwung? Wie denn? Durch welche Kraft? Und warum fliegt das Karussell und alles andere nicht auseinander? Warum reißen die Ketten nicht?

Ein bisschen Geduld noch, damit geht's gleich weiter.

Im Planetarium der Wirklichkeit

Hermes, das Super-Raumschiff ist gestartet. Geschwindigkeitsgrenzen kennt es nicht. Entspannt sitzen die Passagiere in Sesseln auf einer Galerie. Sie genießen den traumhaft schönen Ausblick, den die Panoramafenster ermöglichen. Die Planetennachbarn der Erde ziehen vorbei. Man erkennt den roten, staubtrockenen Mars, die blau schimmernde Venus, den steinigen Merkur, den gewaltigen Jupiter, den König der Planeten, den herrlichen Saturn mit seinen Ringen, die eisigen Welten der anderen Planeten Uranus und Neptun. Den Weg der Hermes kreuzen auch die vielen Planetenmonde, die Millionen Brocken, die Kometen, die Eisklumpen und Feuerhöllen, die Trümmer von himmlischen Katastrophen, der Zusammenstöße und Explosionen.

Bunt gemischte Passagierliste

Bei seiner Erkundungsreise zum neu entstehenden Planeten Erde war die Hermes vor allem mit Beobachtungs- und Forschungsaufgaben befasst und mit den entsprechenden Messgeräten ausgestattet.

Bei der jetzigen Tour zum Anfang des Universums handelt es sich jedoch um eine touristische Abenteuerreise. Die Passagiere sind bunt gemischt: an astronomischen Dingen interessierte Abenteuerreisende, Schriftsteller, Amateurastronomen, die Nacht für Nacht voller Begeisterung den Himmel mit ihren Teleskopen beobachten. Journalisten und Kameraleute sind dabei. Berühmte Wissenschaftler wie Newton und Einstein befinden sich ebenfalls an Bord.

Wie das möglich ist? In diesem Raumschiff des Androiden spielen Vergangenheit und Gegenwart keine Rolle, so wie es auch in der Fantasie und in den Träumen ist. XaphoX kann jede gewünschte Person auftreten und wieder verschwinden lassen.

Staubwolken von gigantischen Ausmaßen ziehen vorbei, als das silberne Raumschiff das Sonnensystem verlässt. Dann erscheinen Ansammlungen von Sonnen wie Inseln im Ozean, Hunderte sind es, vielleicht Tausend, durch die der Götterbote seinen Weg bahnt.

„Wahnsinns-Animation, Androide!", lobe ich. „In welchem Planetarium sind wir hier?"

„Im Planetarium der Wirklichkeit. Was du siehst, ist das Weltall."

„Wie kann das sein?"

„Wir befinden uns im Modus des schnellen Rücklaufs. Wir reisen zurück in der Zeit."

Irgendwie bin ich bereit, dem Unsterblichen, der ja genau genommen nur eine Maschine ist und damit selbst eine Simulation, alles zu glauben.

„Wo sind wir jetzt?"

„Noch befinden wir uns in unserer Galaxis, der Milchstraße."

„Rückgrat der Nacht"

Diesen poetischen Namen gaben afrikanische Völker der Milchstraße, von der ein Teil sich besonders am Südhimmel als unregelmäßig breites, schwach wie Milch schimmerndes Band quer über den Himmel zieht. Unsere Sonne ist einer von 200 bis 300 Milliarden Sternen, aus denen das Milchstraßensystem besteht. Unsere Galaxis (abgeleitet vom griechischen Wort gala = Milch) würde sich dem weit außerhalb der Milchstraße befindlichen Beobachter als leuchtendes Rad mit mehreren Spiralarmen zeigen, durch deren Zentrum ein heller zentraler Balken geht. Als Erster beobachtete Galileo Galilei im Jahre 1609 das „Rückgrat der Nacht" mit dem Fernrohr und entdeckte, dass es aus unendlich vielen Sternen besteht.

„Ich hätte da mal eine Frage, Herr Reiseleiter", wendet sich ein Passagier an den Androiden.

„Um sie zu beantworten, bin ich da."

„Was hält das eigentlich alles zusammen?"

Damit weist er hinaus auf die unendlich scheinende Vielzahl der Himmelskörper. Nach bestimmten Gesetzen schweben sie durch den Raum, tanzen umeinander, bilden Gruppen. Sie ziehen dann gemeinsam ihre Bahn und trennen sich wieder.

„Augenblick, mein Herr", sagt XaphoX. „Für die Beantwortung dieser Frage werde ich Ihnen die Kompetentesten holen, die es dafür gibt."

Hoher Besuch

Der Androide hantiert mit einer Art Fernbedienung, die er in Richtung einer Tür hält.

Ein Klick, die Türe öffnet sich und ein hagerer Mann im altmodischen braunen Überrock und mit einer langen gepuderten Perücke tritt ein.

„Ach, Sir Isaac! *Nice to meet you!*", begrüßt ihn der Androide.

„Wie haben Sie das gemacht?", ruft der Fragesteller. „Aus der Vergangenheit gebeamt?"

„In diesem Raumschiff ist vieles möglich", lächelt XaphoX. „Ich habe die Türe zu einer anderen Zeit geöffnet." Damit wendet er sich wieder seinem neuen Gast zu. Dieser blickt sich einige Sekunden lang verwirrt um.

„Wo bin ich?"

„Ich bitte um Entschuldigung, dass wir Ihre kostbare Zeit in Anspruch nehmen, Sir Isaac. Sie befinden sich auf der Hermes, einem androidischen Raumschiff aus einer

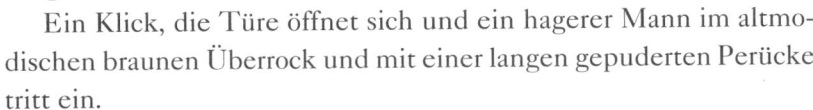

Region des inneren Orionarmes. Es ist nicht an die geltenden physikalischen Gesetze gebunden. Es ist, wenn Sie so wollen, ein Produkt unserer Vorstellungen."

„Interessant", bemerkt Newton zurückhaltend. Es ist dem Mann anzumerken, dass er sich nicht zurechtfindet.

„Die meisten werden Sie bereits erkannt haben", wendet XaphoX sich an das Publikum. „Wir haben die Ehre, einen der größten Physiker aller Zeiten bei uns zu Gast zu haben. Sir Isaac Newton!"

Applaus. Der Physiker blickt ratlos umher, dann verbeugt er sich zögernd.

Zahlreiche wissenschaftliche Leistungen

Isaac Newtons (1643–1727) Meisterwerk waren die *Mathematischen Grundlagen der Naturphilosophie*, auch unter dem Titel *Principia* bekannt, in denen er die Bewegungsgesetze beschrieb. Er wurde weltberühmt, plötzlich schien das Rätsel des Universums und wie dort alles zusammenhängt, gelöst zu sein.

„Ist das der mit dem Apfel und der Schwerkraft?", hört man jemanden fragen.

„Hören Sie auf mit dieser Apfelgeschichte!", ruft Newton. „Die verfolgt mich bis über den Tod hinaus!"

„Ich finde diese Geschichte gerade besonders bemerkenswert", wirft der Science-Fiction-Autor Jonathan D. Rockden ein, der sich vorne in der ersten Reihe breitgemacht hat.

Jonathan D. Rockden

wurde 1942 in Dublin geboren. Nach Abbruch des Jura-Studiums begann er zu schreiben. Viel beachtet wurden seine Kurzgeschichten in der Zeitschrift Robot Stories. Für seinen Roman *Last Exit Sirius* („*Letzte Ausfahrt Sirius*") erhielt er den hochangesehenen National Science Award. Rockdens Devise, die er in mehreren Aufsätzen erläuterte, war: „WIR MÜSSEN STETS DAS UNMÖGLICHE DENKEN, UM DIE WIRKLICHKEIT ZU BEGREIFEN." Im Jahre 2002 kehrte Rockden von einer Bergtour in den Rocky Mountains nicht zurück. Trotz intensiver Suche wurde keine Spur des Schriftstellers gefunden.

„Besonders die trockene Wissenschaft braucht Geschichten, Sir Isaac", fährt Rockden fort. „Welche könnte schöner sein, als dass Ihnen im Jahre 1665 während des Mittagsschlafes unter einem Baum ein Apfel auf den Kopf gefallen ist und Sie dadurch die Gesetze der Gravitation entschlüsselten. So berichten es alle Biografien über Sie, verehrter Meister."

„Paperlapapp! Ich kannte bereits als Student die Versuche Galileis und die Berechnungen Keplers. Sie regten mich schon als junger Mann dazu an, darüber nachzudenken, welche Kraft zwischen den Körpern wirkt. Warum fallen sie zur Erde? Was hält die Himmelskörper auf ihren Bahnen? Das waren die Fragen, die mich beschäftigten."

Johannes Kepler

hatte 1609 seine Gesetze zur Planetenbewegung veröffentlich. Schon im ersten Gesetz wird eine bis dahin herrschende Meinung widerlegt: Die Planeten bewegen sich nicht in Kreisbahnen, sondern in Ellipsen um die Sonne.

Galileo Galilei

hatte 1590 in Pisa die Bewegungen fallender Körper untersucht. Zum Beispiel beschleunigen Kugeln konstant, die aus großer Höhe auf die Erde fallen.

„Was waren ihre Schlussfolgerungen, Sir Isaac?", fragt der Autor höflich. Er erinnert sich jetzt, dass er gelesen hatte, dass der berühmte Physiker zu seinen Lebzeiten ein unbeherrschter, jähzorniger Mann war, der Kritik nicht vertrug und den Verfolgungsängste plagten.

„Dass sich zwei Körper gegenseitig anziehen nach einem unveränderlichen und ewigen Gesetz", sagt Newton.

Newtons Gesetze, kurz in Worten beschrieben:

Jeder Körper auf der Welt übt Anziehungskraft auf die anderen aus. Dabei spielen die Masse und die Entfernung eine entscheidende Rolle. Verdoppelt man die Entfernung zwischen zwei Gegenständen, schwächt sich die Anziehungskraft um das Vierfache ab.

Im Alltag merkt man von dieser Kraft nur insofern etwas, als dass man auf der Erdoberfläche gehen kann und nicht einfach abhebt und davonfliegt.

Der Grund: Die Schwerkraft will alles zum Erdmittelpunkt ziehen. Dass jeder Mensch auch einen Ball, seinen Hund und sein Auto anzieht und dass sich überhaupt alle Gegenstände gegenseitig anziehen, davon merkt man nichts. Die Gravitation ist dazu viel zu schwach.

„Dies herausgefunden zu haben, ist mein Verdienst. Es wurde einhellig von der Fachwelt anerkannt. Ich wurde mit Ehrungen überhäuft und zum Ritter geschlagen."

„Zur Recht, Sir Isaac", beeilt sich XaphoX zu sagen. „Ihre Bewegungsgesetze halfen den Menschen, die Welt besser zu verstehen. Sie konnten sich nun vorstellen, warum sich die Erde um die Sonne dreht und nicht in der Weite des Kosmos verschwindet."

Newton half, die Welt besser zu verstehen

„Ich beschrieb", verkündet Newton, während er hin- und hergeht und sich dabei über seine wallende Perücke streicht, „mit der Schwerkraft, die ich ‚Gravitation' nannte, eine Kraft, die im gesamten Weltall wirkt. Jeder Körper besitzt Masse und jede Masse enthält Schwerkraft. Mit dieser Kraft zieht er andere Körper an."

„Könnten Sie uns das noch kurz erläutern, Sir Isaac?", bittet der Autor. „Ihre Bewunderer, die hier versammelt sind, wären Ihnen dankbar dafür, auch wenn Ihre genialen Erkenntnisse heute zum Allgemeingut unserer Zeit geworden sind."

„Je mehr Masse ein Körper hat, je schwerer er also ist, desto stärker wirkt sich seine Anziehungskraft auf andere Körper aus. Sie können alles in meinen Schriften nachlesen. Bevor ich mich verabschiede, will ich Sie aber noch warnen, meine Damen und Herren, die *Principia* sind nichts für Anfänger!"

„Näher kann kein Sterblicher den Göttern kommen!" Das schrieb einer der größten Bewunderer Newtons, der Astronom Edmond Halley (1656–1742). Er entdeckte den Kometen, der alle 76 Jahre in Erdnähe auftaucht. Zuletzt erschien er 1986.

Göttliche Schwerkraft?

„Eine letzte Frage noch, Sir Isaac", wendet sich unser Reiseleiter XaphoX an den Physiker. „Sie haben die Wirkung der Gravitation beschrieben und in Formeln gefasst. Dafür gebührt Ihnen ewiger Ruhm! Aber was ist sie genau?"

Newton dreht sich, bereits im Hinausgehen, um und runzelt unwillig die Stirn.

„Was meinen Sie?"

„Kann man diese Kraft erklären wie die Ursachen eines Gewitters, das Entstehen einer Welle, den Geschmack des Apfels, um nur einige, zugegeben dürftige Beispiele zu nennen?"

„Es genügte völlig", ruft Newton mit erhobener Stimme aus, „sie mathematisch zu beschreiben. Die Ursache dieser Kraft kommt von Gott! Das muss man nicht erforschen."

„Alles beruht demnach also auf göttlichem Wirken", mischt sich ein Journalist vom Plejaden-Boten ein. „Wäre das nicht ein Rückfall in das finsterste Mittelalter, Herr Professor?"

„Sie Frevler!", donnert Newton den Mann an. „Wie können Sie es wagen, an Gott zu zweifeln!"

„Aber … das tue ich doch gar nicht …"

„Sie sollten ein für alle Mal wissen, nur die göttliche Allmacht kann allem Leben einhauchen und den Dingen ihre Schwerkraft! An Gott darf man nicht zweifeln! Er hat den Raum und die Zeit geschaffen. Sie sind unveränderlich und ewig."

„Sie haben sicher völlig recht, verehrter Herr Professor Newton", bemerkt XaphoX. „Es gibt indes große Physiker in Ihrer Nachfolge, die versucht haben, die Ursache der Schwerkraft zu ergründen."

„Das habe ich getan. Ich allein habe diese Formeln gefunden!"

„Gewiss, ich habe mich falsch ausgedrückt, Sir. Ich wollte sagen, es gab Physiker, die sich über das Wesen dieser Kraft Gedanken machten."

„Wer?" Nun bleibt Newton doch wieder stehen. Aus der Zeittür im Hintergrund taucht in diesem Augenblick ein Mann mit Schnauzbart und wirr abstehendem weißem Haar auf. Er trägt eine Geige mit Bogen bei sich. Sein Erscheinungsbild in ausgebeulter Hose und geflickter Strickjacke wirkt ziemlich ungepflegt.

Der Mann mit der Geige

„Wer stört mich denn jetzt schon wieder", brummt der Mann unwillig. „Ich war mitten in der Probe des Streichquartetts C-Dur von Franz Schubert."

„Ich bitte vielmals um Entschuldigung, Herr Professor Einstein", sagt XaphoX. „Ich ließ Sie rufen, weil Ihr Erscheinen in diesem Augenblick unabdingbar ist."

Er stellt die Wissenschaftler einander vor.

„Sir Isaac Newton aus London, Professor Albert Einstein aus Ulm!"

Einstein scheint angenehm überrascht und legt sein Instrument zur Seite.

„Oh Mr. Newton, ich fühle mich außerordentlich geehrt!" Er verbeugt sich. „Ohne Ihr Genie wären wir nichts! Wir Physiker des 20. Jahrhunderts standen mit unserer Arbeit alle auf Ihren Schultern."

Newton, der zuvor nur Desinteresse gezeigt hat, fühlt sich geschmeichelt.

„Sie haben sich mit dem Wesen der Gravitation befasst, wie ich höre?", fragt er.

„Ich habe mich bereits in ganz jungen Jahren, genau wie Sie, Sir Isaac, gefragt, welche Kraft alles zusammenhält. Ich habe damals alles gelesen, was ich über Sie finden konnte. Sie haben uns so trefflich die Gesetze des freien Falls und die der Planetenbewegungen dargelegt. Sie haben uns erklärt, warum wir uns auf der Erde fortbewegen können, ohne dass wir ins All entschweben."

„Nun, so gelten meine Gesetze nach wie vor, wie ich hoffe?"

„Aber natürlich. Niemals wurden sie angezweifelt."

„Herr Einstein hat sie, wenn ich das anmerken darf, sozusagen ergänzt", sagt XaphoX.

„Wie darf ich das verstehen, Sir?"

„Die Frage, die mich und viele meiner Kollegen zu meiner Zeit beschäftigte, war doch, woher ein Körper, sei es ein Planet oder ein Atom, eigentlich weiß, dass er dem Schwerkraftgesetz, das Sie fanden, verehrter Sir Isaac, zu folgen hat. Wie wird diese Nachricht durch die Leere des Weltraums übermittelt?"

„Die Vorstellung des leeren Weltraums halte ich für absurd, verehrter Herr", faucht Newton ärgerlich. „Selbstverständlich gibt es ein Medium für diese Übermittlung."

„Ein materielles? Welcher Art ist dieses Medium? Das war für mich und meine Kollegen ein großes Geheimnis. Viele glaubten, es sei so etwas wie Äther, durch den die Signale laufen, so wie Wellen durch das Medium Wasser."

„Gott hat uns eben das Wesen dieses Mediums noch nicht offenbart", erwidert Newton. „Er alleine wird wissen, warum. Ich sagte bereits, dass es frevelhaft ist, an seiner Allmacht zu zweifeln. Läge es in seiner Absicht, uns alles wissen zu lassen, hätte er dies gewiss längst getan."

Für die alten Griechen war die Schwerkraft ein großes Geheimnis, das sie zu erforschen suchten. Thales von Milet (ca. 624–546 v. Chr.), dessen Thales-Kreis jeder Schüler kennt, ging oft in der Nacht umher, den Blick zum Sternenhimmel gerichtet. „Was hält wohl die Welt im Innersten zusammen?", fragte er sich. Dabei fiel er in einen trockenen Brunnen und

stürzte bis zum Boden hinunter. Zum Glück war er nicht weiter verletzt, rappelte sich auf und sprach: „Nun weiß ich es. Die Schwerkraft hält die Welt zusammen. Trotz meiner geistigen Höhenflüge muss ich mich ihr beugen!"

„In der klassischen Physik gelten nach wie vor die Bewegungsgesetze, die Sie formuliert haben, Sir Isaac", fährt Einstein fort.

„Aber was sind das für Veränderungen, die Sie, wenn ich Herrn XaphoX eben recht verstanden habe, vorgenommen haben?"

„Gut, wenn Sie es wünschen, Sir Isaac, werde ich Ihnen kurz meine Vorstellung vom wahren Wesen der Gravitation erläutern."

„Bitte sehr", brummt Newton.

Delle im Raum

„Ich stelle mir vor, dass ein schwerer Körper den Raum um sich verbiegt", Einstein lächelt spitzbübisch.

„Wie bitte? Den Raum verbiegt? So ein Unfug!"

„Gewiss. Er krümmt ihn. Schafft eine Ausbuchtung, eine Art Delle und dadurch zieht er kleinere und leichtere Körper an."

„Ich habe keine Zeit, mir diesen Unsinn anzuhören!", schimpft Newton und wendet sich zum Gehen. „Verbogener Raum! Delle! Am Ende behaupten Sie noch, die Sonne liege in einer solchen Ausbuchtung wie in einem Wassereimer, um den die Planeten kreisen. Oder liegen die etwa auch darin?"

„Woher kommt es, dass mich niemand versteht und jeder mag?"
Albert Einstein, 1944

147

Zur Erläuterung:

Wenn eine schwere Eisenkugel in die Mitte eines gespannten Gummituches rollt, bleibt sie dort liegen. Ihr Gewicht zieht das Tuch an der Stelle nach unten, formt die besagte Delle. Eine kleinere Kugel, mit Schwung an den Rand dieser Delle geworfen, wird sich nach etlichen Umrundungen nach unten bewegen.

Die kleinere Kugel wird von zwei Kräften beeinflusst. Ihr Gewicht drückt sie nach unten. Ihre Geschwindigkeit zieht sie nach außen weg vom Mittelpunkt. Einen Rennwagen, der schnell in eine Kurve fährt, zieht die Fliehkraft ebenfalls nach außen.

Würde ein Croupier beim Roulett die kleinere Kugel mit geübtem Schwung im Kreis werfen, würde sie an den Wänden des Trichters eine Weile im Kreis sausen, bevor sie nach unten fällt.

Man stelle sich die schwere Eisenkugel als unsere Sonne vor. Sie drückt aufgrund ihrer Masse eine Delle in den Raum. Die leichte Kugel wäre die Erde. Sie will zur Sonne hin und die Schräge der Dellenwand hinunterrollen. Aber da sie und auch die anderen Planeten unseres Systems vor Milliarden Jahren genügend Schwung mit der riesigen Staubscheibe, in der sie entstanden sind, mitbekommen haben, bleibt sie vorerst noch auf ihrer

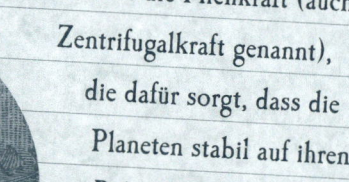

Bahn. Es ist die Fliehkraft (auch Zentrifugalkraft genannt), die dafür sorgt, dass die Planeten stabil auf ihren Bahnen bleiben.

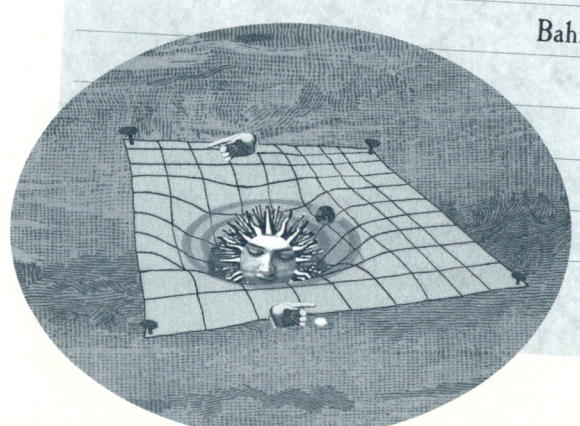

„Ich gebe zu, die menschliche Vorstellungskraft stößt hier an ihre Grenzen", bemerkt Einstein.

„Zumindest hören sich Ihre Gedanken recht originell an", erwidert Newton nicht ohne Ironie.

„Ich habe nichts anderes versucht, als das Wesen der Gravitation zu ergründen."

„Und dazu gebrauchten Sie das Beispiel von der Sonne, die den Raum um sich herum verbiegt. Habe ich das richtig verstanden?"

„Ja, so ist es. Nicht nur die Sonne, sondern alle Körper verbiegen den Raum. Wie stark sie es tun, hängt von ihrer Masse ab."

Die Vorstellungskraft stößt an ihre Grenzen

„Der Raum ist Ihrer Vorstellung zufolge nichts Konstantes, Unveränderliches. Er wird ständig durch die Himmelskörper neu gestaltet. Kann man das so sagen?"

„Gewiss, Sir Isaac. Und das, was wir bisher Schwerkraft nannten, ist diese Biegung des Raums?"

„Ja, diese Biegung oder Krümmung des Raums wird durch die schweren Massen hervorgerufen."

„Die Geometrie dieses Raumes, den ich mir, wie ich zugeben muss, nicht vorstellen kann, wird verändert."

„Ja, sie ist nicht mehr gleichmäßig."

„Die kleineren Körper wollen zu den größeren hinrollen?"

„Vereinfacht gesagt, ja."

„Sagten Sie nicht, dass meine Gesetze nach wie vor gelten?"

„Das tun sie, ja. Alles, was wir im Alltag erleben, läuft nach Ihren Bewegungsgesetzen ab. Die Auswirkung der Schwerkraft haben Sie beschrieben und berechnet, Sir Isaac. Dafür sind wir alle Ihnen unendlich zu Dank verpflichtet. Mir ging es darum, ihre Ursache zu finden. Die Frage zu klären, was Gravitation ist."

„Gibt es Beweise für Ihre Theorie, Professor Einstein?"

„Ja, ein erster und seinerzeit von der Fachpresse sehr beachteter Beweis gelang dem Astronomen Sir Arthur Eddington im Jahre 1919."

„Inwiefern?" Newton ist nun deutlich interessierter.

„Eddington konnte durch seine Beobachtungen nachweisen, dass auf der Erde das Licht von Sternen zu sehen ist, die sich eigentlich hinter der Sonne befinden."

„Sie meinen, verdeckt?"

„Ja, Lichtstrahlen erreichen uns dennoch, weil sie von ihrer Bahn abgelenkt werden. Genau das habe ich in meinen Schriften vorhergesagt."

Im Jahre 1919 unternahm der Astronom Arthur Eddington (1882–1944) eine Forschungsreise auf die westafrikanische Insel Principe. Er machte mit seinem Team Aufnahmen von der totalen Sonnenfinsternis, die damals von dort besonders gut zu beobachten war. Bei der Auswertung der Fotos war zu sehen, dass einige Sterne in der Nähe des Sonnenrandes scheinbar eine andere Position als die berechnete hatten. Damit war bewiesen, dass die Masse der Sonne den Weg der Lichtstrahlen beeinflusste. Sie waren in einer Kurve gelaufen. Die Sonnenmasse verbiegt also den Raum um sich herum.

„Ich gebe zu, Sie haben mich beeindruckt mit Ihren Theorien, Herr Professor Einstein. Auch wenn es mir nach wie vor schwerfällt, dieses Gebilde, das Sie gekrümmten oder verbogenen Raum nennen, vorzustellen."

„Es geht mir genauso. Wir können es alle nicht und meine Kollegenschaft war 1915 entsprechend ratlos, nachdem meine Arbeiten erschienen waren. Unser Denken ist eben zu stark an den ewigen Raum und an die immerwährende Zeit gebunden. Wir können uns keine anderen Dimensionen vorstellen."

„Ich werde darüber nachdenken, Mr Einstein. Doch nun muss ich mich verabschieden. Meine Aufgaben als königlicher Münzmeister warten. Mr XaphoX, wären Sie wohl so freundlich, mich zurück nach London zu bringen?"

„Gewiss, Sir Isaac. Wir danken Ihnen für Ihren Besuch!"

Newton gibt Einstein die Hand, verbeugt sich vor den applaudierenden Zuschauern und XaphoX betätigt den Mechanismus der Zeittüre, damit Newton die Galerie verlassen kann.

> Der hoch angesehene Wissenschaftler Isaac Newton wurde zum Präsidenten der Londoner Royal Society gewählt. In Anerkennung seiner Verdienste wurde er zum Ritter geschlagen. Es dürfte weniger bekannt sein, dass er auch zum königlichen Münzmeister, vergleichbar einem heutigen Finanzminister aufgestiegen war.

Alles relativ oder was?

Oben und unten, links und rechts – was heißt das? Die Bestimmung der Richtung hängt vom Standort des Betrachters ab. Für Europäer ist Australien unten, ein Auto fährt von mir aus gesehen rechts vom Parkplatz weg, für einen, der gegenübersteht, fährt es nach links.

Scheinbar saust XaphoX' Schiff nach oben, vielleicht geht die Fahrt aber doch nach unten. Breite, Höhe oder Tiefe sind nicht absolut. Je nach Standpunkt des Beobachters wird die Breite zur Höhe, die Tiefe zur Breite und so weiter.

Alles relativ also, auf den Ort und den Bezugspunkt kommt es an.

Einsteins spezielle (1905) und allgemeine (1915) Relativitätstheorie ergänzten Anfang des 20. Jahrhunderts die Theorie des englischen Physikers Sir Isaac

> Relativ kommt vom lateinischen „relatus". Es hat die Bedeutungen „nur unter bestimmten Gesichtspunkten zutreffend", „je nach Standpunkt verschieden", „vergleichsweise" oder „in Beziehung zu etwas stehend".

Newton. Die allgemeine Relativitätstheorie spielte im Gespräch Einstein – Newton eine Rolle. Sie behandelt die Schwerkraft, den Einfluss von Masse auf Raum und die Zeit.

In der zehn Jahre früher entwickelten speziellen Relativitätstheorie geht es um Geschwindigkeiten und darum, dass Raum, Zeit und Masse vom Standpunkt des Beobachters abhängig sind.

Raum und Zeit entstanden zusammen mit dem Universum

Bisher hatte man geglaubt, Raum und Zeit seien ewig, unveränderlich, absolut. Sie waren immer da und werden es auch noch sein, wenn alles andere aus der Welt verschwunden ist, mein Tisch, mein Computer, mein Fahrrad, meine Katze, die Stadt, der Ozean, Planeten, Sterne, Galaxien.

Nach Einsteins Theorie entstanden Raum und Zeit mit dem Beginn des Universums beim Urknall. Raum und Zeit gehören zusammen, Einstein vereinigt sie in seiner Theorie zur vierten Dimension Raumzeit (auch als Raum-Zeit-Kontinuum bezeichnet), die nicht unveränderlich ist.

Dabei spielt die stets gleichbleibende Lichtgeschwindigkeit eine entscheidende Rolle, welche die Zeit dehnen oder verkürzen kann. Es kommt auf den Standpunkt des Beobachters an.

Angenommen, jemand fährt mit 100 Sachen auf der Autobahn. Ein anderer Wagen überholt ihn mit 150. Der erste entfernt sich also mit 50 Stundenkilometern vom anderen. Beide schalten jetzt gleichzeitig die Scheinwerfer ein. Entfernt sich das Licht des schnelleren Autos ebenfalls um 50 Stundenkilometer schneller als das Licht des dahinter Fahrenden? Nein, Licht läuft stets mit knapp 300.000 Kilometern pro Sekunde. Da können Auto, Zug oder Raumschiff so schnell fahren, wie sie wollen. Die Geschwindigkeit des von ihnen ausgesandten Lichts verändert sich nicht.

Auf diesem vielfach bewiesenen Grundsatz der Konstanz der Lichtgeschwindigkeit baut die spezielle Relativitätstheorie auf. Das hat ganz verblüffende Konsequenzen, zum Beispiel, dass Uhren, die mit hoher Geschwindigkeit bewegt werden, langsamer gehen.

Nahe der Lichtgeschwindigkeit

„Herr Professor Einstein, noch eine Minute", bittet die Amateurastronomin Helen Hünten, die sich zusammen mit weiteren Mitgliedern der „Rheinischen Sternenfreunde" auf diese Reise begeben hat.

„Ja bitte?" Einstein, der seine Geige wieder aufgenommen hat, bleibt stehen.

„Da Sie im Gespräch mit Sir Isaac auch kurz von der Zeit sprachen – könnten Sie uns dazu noch etwas sagen?"

„Stellen Sie sich vor, da draußen vor den Panoramascheiben würde in diesem Augenblick ein Raumschiff vorbeiziehen."

Kaum hat er es ausgesprochen, drückt XaphoX zwei Tasten am Pult seines Supergenerators.

„Oh, vielen Dank, Herr Reiseleiter", sagt Einstein. „Ihre Illusionsmaschine ist wahrhaft perfekt!"

Vor den Fenstern ist neben der Hermes ein Schiff aufgetaucht. Sein Name „Victoria" ist auf der Bordwand deutlich zu sehen. Ein Teil der Wände ist durchsichtig und gibt den Blick ins Innere frei. Der Kommandoraum ist verspiegelt, auf dem Steuerpult vor dem Piloten flackern Lichter. Auf dem Tisch daneben steht eine Uhr mit Leuchtdioden.

„Können Sie es so einrichten, Herr XaphoX, dass der Lichtschein der Uhr einmal pro Sekunde nach oben gerichtet ist und von den Spiegeln zurückgeworfen wird?"

„Natürlich, Herr Professor, kein Problem."

„Wunderbar, so können wir die Sache sehr schön illustrieren. Wie Sie auf der Uhr sehen können, meine Damen und Herren, ist die Zeiteinheit für den senkrecht nach oben schießenden und vom Spiegel reflektierten Blitz immer genau gleich. Das gilt im Augenblick für die beobachtenden Raumfahrer in dem fremden Schiff ebenso wie für uns. Ist so weit alles klar?"

Die Astronomin nickt.

„Und nun bitte ich Sie, Herr XaphoX, die Geschwindigkeit der Victoria zu erhöhen bis nahe an die Geschwindigkeit des Lichtes."

„Die der Hermes ebenfalls?"

„Nein, wir Beobachter fliegen mit gleichbleibender Geschwindigkeit. Sie werden sicher die Möglichkeit haben, die Victoria weiterzuverfolgen."

„Gewiss, Herr Professor."

Die Zuschauer sehen das fremde Rauschiff davonfliegen. Es taucht allerdings im gleichen Augenblick auf einem großen Bildschirm an der Wand wieder auf, denn XaphoX verfolgt es mit seinen

Spezialkameras. Auf einer Digitalanzeige ist die Geschwindigkeit eingeblendet:

65 PROZENT DER LICHTGESCHWINDIGKEIT, 70 PROZENT ...

„Was fällt Ihnen auf?", fragt Einstein.

„Die Victoria beschleunigt immer mehr."

„Ja, was noch?"

Als keine Antwort kommt, bittet Einstein: „Wären Sie so freundlich, Herr Reiseleiter, das Bild für uns zu vergrößern. Danke sehr. Und nun achten Sie bitte auf die Uhr beziehungsweise auf den Lichtstrahl, der von ihr an die Decke und zurückgeworfen wird."

„Er wird immer schräger."

„Richtig. Je mehr sich die Victoria an die Lichtgeschwindigkeit annähert, umso länger wird die Strecke, die der Strahl zurücklegt. Jedenfalls von uns aus gesehen."

„Das heißt, nur wir als Beobachter bemerken diesen Effekt?"

„Ja. Für die Raumfahrer in der Victoria bleibt alles gleich. Das gilt auch für die Zeiteinheit des Lichtstrahls, der von der Uhr ausgeht. Für uns hingegen zeigt sich, dass etwas mehr Zeit vergeht."

„Bedeutet das etwa, dass für den schnellen Reisenden die Sekunde langsamer vergeht als für uns?", ruft einer der Sternenfreunde aus Helen Hüntens Runde.

„So ist es. Er muss jedoch sehr schnell sein, im normalen Erdenleben merken wir Menschen gewöhnlich nichts von diesen Effekten."

„Eine Sekunde ist also keine Sekunde."

„Ihre Dauer hängt vom Standpunkt des Beobachters ab. Wie gesagt: Alles ist relativ."

Zeitdehnung

Was man berechnen kann: Würde ein Raumschiff mit 99 Prozent der Lichtgeschwindigkeit an einem Beobachter vorbeirasen, würden bei diesem 22 Sekunden vergehen, während es für die Raumfahrer nur eine Sekunde wäre. Was heißt das umgekehrt? Die Uhren im Raumschiff wären 22-mal langsamer gegangen als die des Beobachters. Dieser würde also viel schneller altern als die Raumfahrer. Hohe Geschwindigkeit führt zu einem längeren Leben, allerdings nur in Beziehung zu einem Beobachter gesehen.

Einstein selbst war der Ansicht, dass man seine Vorhersagen bezüglich der Zeitdehnung nicht würde messen können, aber mit den modernsten Atomuhren ist dies inzwischen möglich.

„Dann stimmt mit der Zeit was nicht!"

„Richtig, so kommen wir der Sache näher. Die Zeit ist nicht universell und nicht überall gleich. In dem nahe der Lichtgeschwindigkeit fahrenden Raumschiff muss die Zeit langsamer vergehen, wenn die Geschwindigkeit des Lichts immer gleich ist, also sowohl für uns Beobachter hier am Fenster, als auch im schnellen, beweglichen Raum der Victoria, sonst stimmt die Gleichung nicht mehr."

„Wenn das Raumschiff die Lichtgeschwindigkeit erreichen würde?", fragt Rockden.

„Dann bliebe für die Raumfahrer dort die Zeit stehen, denn der Lichtblitz ihrer Uhr wäre endlos gedehnt."

„Die Tatsache, dass die Lichtgeschwindigkeit absolut unveränderlich ist, führt dazu, dass die Zeit relativ, also veränderbar ist. Kann man das so sagen?"

„Genau so ist es."

„Und die Veränderung hängt vom Standpunkt des Beobachters ab?"

„Korrekt. Es gibt keine Gleichzeitigkeit. Das Vergehen der Zeit hängt davon ab, wo der Beobachter ist und wie schnell er sich bewegt."

„Aber auch hier gilt wieder: Auf der Erde merken wir diesen Effekt so gut wie gar nicht. Beim Schall ist das sehr wohl der Fall. Den Blitz des Gewitters sehen Sie, bevor Sie den Donner vernehmen."

Es ist übrigens nicht nur bei Geschwindigkeiten nahe der des Lichts so, dass eine Zeitdehnung auftritt. Auch Anziehung durch Masse verändert die Zeit. Vereinfacht lautet die Erklärung dafür:

Lichtwellen werden von schweren Massen „verbogen", so wie es Arthur Eddingtons Experiment bei der Sonnenfinsternis bewiesen hat. Dadurch werden die Wellen gestreckt, die Zeiteinheiten zwischen zwei Wellenbergen werden länger, die Zeit wird also in der Nähe schwerer Massen gedehnt. Dieser Effekt wurde von den modernsten Atomuhren bereits mehrfach nachgewiesen. Zwei vollkommen gleiche Uhren, eine auf dem Erdboden, die andere in einem hoch fliegenden Flugzeug, zeigten einen winzigen Zeitunterschied. Auch auf einem schwereren Himmelskörper als der Erde würde die Zeit anders ticken. Ich selbst habe errechnet, dass eine Sekunde auf der Sonne 1,000002 Erdsekunden entspricht, also eine Winzigkeit länger dauert.

Als Junge hatte sich Einstein immer vorgestellt, wie es wäre, auf einem Lichtstrahl zu reiten. Nach seiner Theorie wäre er nicht gealtert, denn bei dieser Geschwindigkeit würde die Zeit stehen bleiben. Licht altert nicht.

Einsteins Physik im Überblick

$E = mc^2$

Jeder kennt diese Formel, sie wird im Zusammenhang mit dem Namen Einstein immer genannt. Tausendfach findet sie sich neben dem bekannten Bild Einsteins mit herausgestreckter Zunge.

Was besagt diese Formel?

Kurz zusammengefasst: Multipliziert man die Masse eines Körpers mit dem Quadrat der Lichtgeschwindigkeit („c" wie „constant" hat Einstein selbst dafür eingesetzt), so erhält man die Energie, die in diesem Körper steckt. c ist sehr groß, wie wir wissen, und wächst fast ins Unvorstellbare mit dem Quadrat. Daher werden gewaltige Kräfte frei, wenn es gelingt, sie freizusetzen. Solche Kräfte werden zum Beispiel für Atombomben gebraucht.

Bei der Atombombenexplosion, die am 6. August 1945 die japanische Stadt Hiroshima zerstörte und Zehntausende von Menschen tötete, wurde nur ein Gramm Masse (Uran) in Energie umgewandelt.

Was sagt die Formel noch aus?

Energie kann auch in Masse umgewandelt werden. Die Formel würde man dann verändern: $m = E$ geteilt durch c^2. Man sieht, die Energie müsste fast unendlich groß sein, denn sie wird durch das Quadrat der Lichtgeschwindigkeit geteilt. Das war bei der Strahlung im Urknall der Fall. So konnten die ersten Atome entstehen, wie später noch gezeigt wird.

Je schneller ein Objekt ist, desto mehr nimmt es an Masse zu

Das kann man mit dieser Formel beweisen. Am CERN, dem Genfer Teilchenbeschleuniger, wo die kleinsten Bausteine unserer Materie untersucht werden, konnte man es überprüfen. Elektronen, die fast mit Lichtgeschwindigkeit durch den Teilchenbeschleuniger rasen, nehmen an Gewicht zu. Das konnten die Physiker messen und so auch die Formel $E = mc^2$ bestätigen.

Fünfter Teil

Zurück zum Urknall

UNIVERSUMSTIER

Blick zurück auf die Erde

„Wenn wir in den Himmel sehen, erblicken wir nie den gegenwärtigen Zustand, sondern immer nur das, was vor Kurzem oder vor langer Zeit war."

„Wir wissen es, XaphoX!"

„Umgekehrt gilt das selbstverständlich auch, meine Damen und Herren."

„Wie meinen Sie das, Herr Reiseleiter?", fragt ein Journalist.

„Wenn wir als galaktische Reisende zur guten alten Erde zurückblicken, wäre es auch hier nur Geschichte, die wir sehen. Ich stelle den Zoom auf ca. 2.000 Lichtjahre ein. Das ist die Entfernung, die wir bisher zurückgelegt haben. Was sehen Sie auf den Bildschirmen?"

Zur Erinnerung

Briefträger der Botschaften sind die elektromagnetischen Signale, die das Weltall durcheilen. Das Licht, Radiowellen, auch Röntgenstrahlung, Mikrowellen und so weiter.

Wenn wir heute mit einem Freund per Handy telefonieren, erreichen die Wellen nicht nur sein Ohr, sondern breiten sich nach allen Richtungen hin ins All aus und werden in vielen Tausend Jahren auf fernen Planeten ankommen. Dort bemühen sich vielleicht andere Wesen, genau wie wir es auf der Erde tun, Außerirdische zu finden. Würden diese Wellen ein Bild transportieren, sagen wir das des Tagesschausprechers oder die Übertragung eines Rockkonzerts, dann halten die Aliens auf dem fernen Planeten ein Schild hoch, auf dem steht: WIR HABEN EUCH GESEHEN!

Wir haben euch gesehen!

„Die Schlacht im Teutoburger Wald!"

„Den verrückten römischen Kaiser Nero!"

„Das brennende Rom!"

„Und jetzt?"

„Steinzeitmenschen!"

„Neandertaler!"

„Wie ist das möglich?"

„Wie gesagt, umso weiter wir uns entfernen, desto tiefer tauchen wir die Erde in die Vergangenheit. Gleichzeitigkeit ist nicht möglich", betont der Androide.

Monster

Seltsame Dinge geschehen! Vor den Fenstern der Hermes verformt sich alles. Es ist, als würde man durch einen Zerrspiegel sehen. Kugeln verlieren ihre runde Gestalt, werden länglich, Sterne, Planeten, alle Himmelskörper sehen anders aus als vorher!

Es scheint eine gewaltige unsichtbare Kraft am Werke zu sein, die große und kleine Sterne, Sternenhaufen und Galaxien verzerrt. Gaswolken drehen sich wie ein Staubwirbel, den ein Tornado erfasst hat. Ganze Sonnensysteme werden im Zeitraffer aus der Bahn gezogen. Sie widersetzen sich heftig, wollen zurück in die vorherige Ordnung. Alles wird unscharf, unheimlich, als betrete man eine neue unbekannte Welt.

Von der Erde aus betrachtet würde sich auch für diese Reisenden alles verlangsamen, die Uhren immer langsamer ticken, das Herz immer seltener schlagen, vielleicht alle 30 Minuten einmal. Kurz, die Zeit würde immer mehr gedehnt. Wenn die galaktischen Reisenden zurückkämen, würden sie feststellen, dass auf der Erde alle Freunde und Verwandten gestorben sind, während sie selbst kaum älter geworden sind.

„Was ist plötzlich los?", rufen Mitreisende.

XaphoX gibt Daten ein. „Was soll los sein?", fragt er mit Unschuldsmiene.

„Es kommt einem vor, als würde man den Boden unter den Füßen verlieren!"

„Kein Wunder, demnächst werden wir aus der Welt verschwinden."

„XaphoX, machst du Witze?", frage ich, bin aber selbst unsicher geworden.

„Nein, wir nähern uns einem Monster."

„Nichts wie weg!"

„Zu spät, das Ungeheuer hat uns bereits in seinen Krallen!"

Ein heftiger Stoß erschüttert die Hermes. Noch einer. Ängstliche Schreie, sorgenvolle Mienen. Die Leute drücken sich in ihre Sessel. Nur Jonathan D. Rockden, der Science-Fiction-Autor, ist aufgesprungen.

„Fantastisch!", schreit er voller Begeisterung. „Ein schwarzes Loch!"

„Wir sind verloren!", ruft jemand von den Sternenfreunden.

Wildes Durcheinander entsteht.

Das Gekratze auf Einsteins Geige kommt ungerührt weiter aus einer Ecke, in die sich der Physiker zurückgezogen hat.

„Bitte Ruhe, Herrschaften." XaphoX hebt die Hand.

„Hätten Sie uns nicht wenigstens vorher fragen können, Herr Reiseleiter, ob wir bei diesem Abenteuer auch dabei sein wollen?"

„Ihr wolltet doch an den Anfang des Universums reisen", wendet sich XaphoX an mich.

„Ja, aber es kommt uns sehr echt vor und gefährlich!"

„Wenn wir Glück haben, kommen wir durch."

„Umkehren!"

„Das geht nicht mehr. Wir sind bereits im Strudel!"

In den Zentren fast aller Galaxien befinden sich laut der Messungen der Astronomen superschwere schwarze Löcher mit Millionen von Sonnenmassen.

Die Grenze von Raum und Zeit

„Ich wollte aber bis zum Abendessen zurück sein …"

„Früh, Mittag, Abend, morgen, übermorgen – heute, nächste Woche, nächstes Jahr – alle diese Zeitbegriffe könnt ihr vergessen."

„Das haben wir kapiert! Dass es keinen absoluten Raum und keine ewige Zeit gibt. Welche Station steuern wir an?"

„Wir sind im Zentrum der Milchstraße. Wir nähern uns dem schwarzen Loch von Sagittarius A, wie eure Wissenschaftler die Gegend hier nennen."

Wie entsteht ein schwarzes Loch?

Überschreitet ein Stern eine bestimmte Größe, ein Vielfaches der Sonnenmasse, kann nichts mehr der Schwerkraft entgegengesetzt werden. Er stürzt in sich zusammen, alle Atome werden unendlich dicht zusammengepresst. Es entsteht, so die Theorie, ein Punkt mit unendlich hoher Dichte. Seine Anziehungskraft wird so ungeheuer groß, dass es Objekte wie andere Sonnen, Planeten, die sich in der Nähe befinden und sogar das Licht einsaugt. Das ganze Gebilde wird damit unsichtbar, denn wenn keine Lichtstrahlen von ihm ausgehen, kann es nicht bemerkt werden.

Allerdings kann man auf die Existenz von schwarzen Löchern schließen. In ihrer Umgebung werden äußerst starke Strahlungen verschiedener Länge gemessen. Es sind sozusagen die Todesschreie von Himmelsobjekten, die kurz vor dem Verschlungenwerden extrem beschleunigt werden und dabei starke Strahlung aussenden.

Plötzlich scheint sich das ganze Universum um einen Punkt zu drehen. Schnell, immer schneller wie das ablaufende Wasser in der Badewanne.

Der Traum wird zum Albtraum.

Das Raumschiff wird aus dem Zentrum der Milchstraße „hinweggespült", hinaus aus der Wirklichkeit.

Aber wohin?

Nicht nur Science-Fiction-Autoren, auch Wissenschaftler beschäftigen sich intensiv mit schwarzen Löchern. Was zum Beispiel passiert mit einem Stern oder einem Planeten, sollte er in seine Nähe kommen? Wird er von der Schwerkraft des unersättlichen Monsters eingesogen und auf Nimmerwiedersehen aus der Welt verschwinden? Wird es vollkommen dunkel, weil alles Licht ebenfalls durch die ungeheuren Anziehungskräfte im Loch verschwunden ist?

Noch keine Raumsonde war jemals in der Nähe eines schwarzen Lochs und funkte Nachrichten, Messwerte oder gar Bilder von seiner Umgebung. Wissenschaftler können aber berechnen, was dort passieren würde.

Was also sind das für geheimnisvolle Objekte? „Dunkle Sterne" nannte man sie früher. „Ich habe seit Monaten nach einem anderen Namen für die dunklen Sterne gesucht", schrieb der Astrophysiker John Wheeler im Jahre 1967. „Im Bett, in der Badewanne, im Auto und in jedem ruhigen Moment darüber nachgedacht." Dann hatte er ihn und wusste, das ist der richtige: „schwarzes Loch".

> „Johnny" Wheeler, der Erfinder des Begriffs „schwarzes Loch", starb 2008 im Alter von 96 Jahren. Er war in der wissenschaftlichen Fachwelt sehr angesehen und besonders beliebt bei seinen Studenten. In seinen Vorlesungen schrieb er oft mit beiden Händen an die Tafel und versuchte zugleich, Augenkontakt zu halten. „Universitäten haben Studenten", soll er gesagt haben, „damit die Professoren auch von ihnen lernen können."

Ein schwarzes Loch ist wirklich ein Loch in unserer Welt, ein Riss in Raum und Zeit; nicht vorstellbar und auch nicht mathematisch beschreibbar. Die Astronomen bezeichnen den Bannkreis um ein schwarzes Loch als „Ereignishorizont". Gemeint ist damit, dass es bis zu diesem Kreis noch möglich ist, Dinge zu beobachten. Die Schwerkraft des gewaltigen Objekts ist bereits sehr stark, aber das Licht kann noch entkommen.

Je größer die Gravitation, desto stärker wird nach Einstein der Raum gekrümmt. Die Delle im Raum wird unendlich tief.

Im Inneren des Kreises, der wie ein undurchsichtiger Schleier das Zentrum eines schwarzen Loches umgibt, ist kein Entkommen mehr möglich, kein Ereignis kann mehr beobachtet werden.

Stephen Hawking, der berühmte englische Physiker, dessen *Kurze Geschichte der Zeit* ein Welterfolg wurde und der seit langem Theorien über schwarze Löcher aufstellt, fragte sich, was passiert, wenn ein Mensch in das Loch fällt.

Er würde schlicht und einfach „spaghettifiziert", sagt der Wissenschaftler. Dabei würde der Reisende durch die Gravitationskräfte immer weiter gestreckt und dünner werden, bis er wie Spaghetti aussieht.

Seinen Humor hat Hawking, der seit Jahrzehnten aufgrund einer unheilbaren Muskelerkrankung im Rollstuhl sitzt, offenbar nicht verloren.

„Flachkäfer" und Hyperraum

„Wirklich niemand soll entfliehen können?", hören die Passagiere den Reiseleiter sagen.

„So ist es, Herr XaphoX", erwidert Rockden. „Wir Science-Fiction-Autoren schreiben gerne Geschichten über die geheimnisvollen schwarzen Löcher. Ich darf vielleicht an mein sehr erfolgreiches Buch *Verloren im Nichts* erinnern. Aber es ist eben nur Ausgedachtes. In Wahrheit weiß niemand Genaues."

„Sicher will Gott oder der

Erbauer des ganzen Universums nicht, dass wir seine letzten Geheimnisse ergründen", gibt Helen Hünten zu bedenken.

„Wie auch immer", sagt der Androide. „Wir werden jedenfalls entkommen. Das verspreche ich!"

„Wie ist das möglich?"

„Ich schlage vor, Sie nehmen zunächst eine Erfrischung zu sich, verehrte Gäste." Er winkt den Bordkellnern, eine Runde Big Bäng Spezial zu servieren. Die Stimmung in der Galerie entspannt sich ein wenig.

Nach einer kurzen Pause fährt XaphoX fort:

„Lassen Sie mich, verehrte galaktische Reisegesellschaft, zunächst von einem Gleichnis berichten."

„Was für ein Gleichnis, Herr XaphoX?", fragt Helen Hünten.

Die Welt eines Käfers gerät aus den Fugen

„Stellen Sie sich Folgendes vor: Ein Käfer kriecht über die glatte Oberfläche einer Kugel. Da dieser spezielle Käfer ein zweidimensionales Wesen ist, nimmt er natürlich an, dass es auf dieser endlosen Fläche vor ihm keine andere Welt gibt. Von Kugelgestalt oder Oberflächenkrümmung, von Dellen oder Löchern weiß er nichts. Brav kriecht er seiner Wege, denn seine Welt ist flach und eben, klar und eindeutig."

„Man kann es sich vorstellen", sagt Rockden. „Für das Tier gibt es keinen dreidimensionalen Raum."

„Ja, aber was ist, wenn ihn plötzlich etwas von oben berührt? Ein Finger zum Beispiel?", fragt XaphoX. „Der Käfer kennt ja nur die Ebene."

„Er wird sich zu Tode erschrecken", sagt ein Passagier. „Denn das kann ja in seiner Vorstellung gar nicht sein."

„Er kommt wahrscheinlich in die Käferpsychiatrie", lacht der Mitarbeiter vom Plejaden-Boten.

„Haha, sehr witzig!", ruft ein Kameramann.

Ich nippe an meinem Big Bäng Spezial. „Was willst du uns mit der Geschichte eigentlich sagen?"

„Genau, kommen Sie zur Sache!"

„Jetzt enttäuschen Sie mich, meine Damen und Herren. Ich hatte gehofft, das würden Sie nun erkennen. Denn unserem Käfer wird auf einmal klar, dass seine sichtbare und fühlbare Welt, diese ebene Fläche vor ihm, nicht die alleinige Wirklichkeit ist. Sie ist sozusagen in eine andere Dimension hineingekrümmt, in den dreidimensionalen Raum."

„Aha, aber das erkennt der Flachkäfer ja nicht."

„Er könnte sich eine Stelle markieren und einmal ganz herumkriechen, bis er wieder am Anfang ist", schlägt Hünten vor.

„Theoretisch ginge es vielleicht. Allerdings bräuchte er ein paar Milliarden Jahre. So lange lebt der Käfer nicht. Wenn der Käfer ein guter Physiker wäre, käme er vielleicht auf die Idee, seine eigene flache Welt auf der einen Seite der Kugel durch einen Tunnel mit einer anderen flachen Welt auf der gegenüberliegenden Seite zu verbinden."

„Eine Abkürzung durch den dreidimensionalen Raum?", fragt jemand.

„Richtig. Für euch Menschen wäre es dementsprechend ein Raum mit einer höheren Dimension, ein Hyperraum, von dem ihr euch kein Bild machen könnt. Er kommt in eurer Alltagswelt nicht vor."

„Das Bild mit dem Flachkäfer und seiner Kugel, durch die er sich eine Abkürzung graben könnte, ist für uns sehr wohl vorstellbar", sagt der Science-Fiction-Autor.

Die Vorstellung eines Hyperraums geht zurück auf den Deutschen Bernhard Riemann (1826–1866), einen der bedeutendsten Mathematiker des 19. Jahrhunderts. In seiner Göttinger Antrittsvorlesung stellte er 1854 seine völlig neue Geometrie mit gekrümmten vieldimensionalen Räumen vor.

Ein anderer Reisender ergänzt: „Ich verstehe, worauf Sie hinauswollen und wie unsere Reise weitergehen könnte, Herr XaphoX. Wir übertragen dieses Käfergleichnis auf die Welt, in der wir leben."

„Genau. Denken wir uns den Raum, in dem wir leben, eine oder meinetwegen auch mehrere Dimensionen höher, dann wären Reisen durch das Weltall über weite Entfernungen möglich."

„Ab ins schwarze Loch, quer durch!"

„Wir sind sozusagen die Flachkäfer?", fragt ein Reporter von TV-Galactika.

„So ist es."

„Und nehmen eine Art Abkürzung?"

„Klingt ziemlich verrückt."

Vor den Fenstern des Raumschiffes ist es während XaphoX' Ausführungen und der anschließenden Diskussion stockdunkel geworden.

Singularität – aus dem lateinischen Wort „singularis". Das bedeutet „einzeln", „vereinzelt", aber auch „eigentümlich" oder „außerordentlich".

Der Androide lehnt sich gelassen zurück und meint: „Wenn wir den Naturgesetzen folgen würden, wären wir jetzt schon in unsere Atomkerne zerrissen. Aufgelöst in unsere Bestandteile. Zusammengepresst zu einem einzigen Punkt, den die Physiker Singularität nennen."

„Na toll!", ruft Rockden.

„Das zeigt nur die Ratlosigkeit eurer Wissenschaft in diesen Dingen", ergänzt XaphoX. „Wenn sie nicht weiß, was wirklich passiert, welche Physik im schwarzen Loch oder beim Urknall herrscht, nennen sie es Singularität."

„Egal, wir wüssten trotzdem gerne, wie man hier wieder rauskommt?"

„Ganz einfach, wir springen wie Kängurus!"

„Wie bitte?"

Ein gefaltetes Tuch als Hyperraum

Weil es echt schwierig ist, sich das alles vorzustellen, kann man gar nicht genügend anschauliche Beispiele bringen. Daher noch ein anderes Bild: ein gefaltetes großes Tischtuch. Die Tuchfläche stellt den „normalen" Raum dar, den wir kennen.

Ein Minitier, kaum größer als ein Molekül, würde unendlich lange brauchen, um auf dem ausgebreiteten Tuch von einer Stelle zur anderen zu gelangen. Wenn das Tuch hingegen gefaltet ist, bräuchte es nur von einer Stelle zur darüber- oder darunterliegenden zu springen und wäre, da es sich hier nur um Millimeter Entfernung handelt, sofort da. Das Minitier überwindet riesige Strecken, indem es von einer Faltung zur nächsten springt und so den „Hyperraum" überwindet.

Der kosmische Staubsauger

Nein, der Götterbote und seine Passagiere werden auf unserer Reise nicht „spaghettifiziert". Wie Astronaut Bowman in seiner Raumkapsel werden sie in andere ferne Räume katapultiert oder, wie der Reiseführer sich auszudrücken beliebte, sie sind wie Kängurus gesprungen.

> Die quer durch die Zeiten und Räume führende Reise des Astronauten Dave Bowman gehört zu den bekanntesten Szenen der Filmgeschichte. Sie ist im Schlussteil des berühmten Films *2001 – Odyssee im Weltraum* zu sehen. Unter der Regie von Stanley Kubrick (1928–1999) entstand er im Jahre 1968 nach der Kurzgeschichte *The Sentinel* (Der Wächter) von Arthur C. Clarke (1917–2008).

Wissenschaftler wie Stephen Hawking machen sich Gedanken darüber, ob Abkürzungen bei Reisen durch das All denkbar sind.

Dabei bilden „Wurmlöcher" eine theoretische Möglichkeit, in relativ kurzer Zeit große Strecken im Universum zurückzulegen. Man geht davon aus, dass schwarze Löcher den Raum aufgrund ihrer Schwerkraft so stark verformen, dass sich Tunnel zu anderen Regionen bilden. In den mathematischen Gleichungen von Albert Einsteins Relativitätstheorie ist diese Möglichkeit enthalten.

Solche Tunnel werden als Wurmlöcher bezeichnet, da sie sich wie ein Wurm durch einen Apfel durch Raum und Zeit bohren.

Rein rechnerisch ist es möglich, Raumschiffe in der Nähe von schwarzen Löchern bis an die Lichtgeschwindigkeit zu beschleunigen. Computerberechnungen zeigen auch, dass man diesem Schwerkraftstrudel wieder entkommen kann, wenn man den richtigen Zeitpunkt vor dem endgültigen Aus erwischt. In seinem 1986 erschienenen Buch *Fiasko* beschrieb der angesehene polnische Philosoph, Wissenschafts- und Science-Fiction-Autor Stanislaw Lem, wie ein großes Raumschiff am Rande eines schwarzes Lochs parkt. Nach Erdenzeit vergehen etliche Jahrzehnte, für diese Raumschiffreisenden sind es nur wenige Jahre, da sie sich im Strudel des schwarzen Lochs fast mit Lichtgeschwindigkeit bewegen.

Zusammengefasst

Es gibt schwarze Löcher. Es handelt sich um Objekte, deren Schwerkraftfeld so stark ist, dass nicht einmal Licht daraus entweichen kann. Wie gewaltige Staubsauger ziehen die schwarzen Löcher große Mengen von Materie an. Wie es im Inneren der schwarzen Löcher aussieht, welche physikalischen Gesetze dort herrschen, das weiß man nicht. Messen kann man lediglich die starke Strahlung, die die Materie kurz vor ihrem endgültigen Verschwinden hinter dem „Ereignishorizont" aussendet.

Welteninseln

Eine Weile haben die Passagiere geschlafen. Nichts gehört von Todesschreien, nichts gemerkt von Sprüngen durch den Hyperraum; haben gedöst, geträumt oder sich gefragt: Was ist Wirklichkeit, was Traum?

„Wo sind wir, XaphoX?"

„Wir haben die kleinen Nachbarn der Milchstraße hinter uns gelassen."

Der portugiesische Seefahrer Fernando Magellan (1480–1521) nutzte bei seiner Weltumsegelung, die 1519 begann, die hellste Nachbargalaxie zur Orientierung. Sie ist rund 160.000 Lichtjahre von der Milchstraße entfernt und gut am südlichen Nachthimmel zu sehen. Später erhielt sie den Namen des Seefahrers: die Große Magellansche Wolke. Daneben gibt es noch die Kleine Magellansche Wolke und eine Reihe anderer benachbarter Sternensysteme.

Vor den Passagieren der Hermes taucht die große Schwester der Milchstraße auf, die Andromedagalaxie.

Die Reisenden stoßen bewundernde Rufe bei ihrem Anblick aus. Wie ein gewaltiges leuchtendes Wagenrad liegt die Spiralgalaxie vor ihnen.

Unsere Nachbargalaxie mit über 150 Milliarden Sonnen ist ungefähr drei Millionen Lichtjahre entfernt. Es ist das entfernteste Gebiet, das noch mit bloßem Auge zu erkennen ist.

Andromedagalaxie

Der Philosoph Immanuel Kant, der von 1748 bis 1754 eine Stelle als Hauslehrer in einem abgelegenen Winkel Ostpreußens hatte und oft in der Nacht unter den Sternen spazieren ging, schrieb in seiner Naturgeschichte und Theorie des Himmels über die fernen Nebelflecken, dass es sich dabei gewiss um „Welteninseln" voller Sterne handle, ähnlich unserer Milchstraße. Der Himmel, so schrieb er, sei „der größte und wunderwürdigste Gegenstand, den man sich denken kann".

Was würde man sehen, wenn der Reiseleiter jetzt mit seiner Illusionsmaschine von der Andromedagalaxie auf den kleinen Planeten im äußeren Orionarm der Milchstraße zoomte, von wo aus die Gesellschaft aufgebrochen ist? Es würde sich ein kleines behaartes affenartiges Wesen zeigen, das mit mehreren anderen Gefährten aufrecht auf zwei Beinen durch die Savanne läuft. Es befindet sich auf der Flucht vor wilden Tieren und plötzlich einsetzenden Gewittern. In letzter Sekunde kann sich die Gruppe in eine schützende Höhle retten.

Feiner Schaum auf dunklem Wasser

Der galaktische Reiseleiter erklärt den Mitreisenden die kleinen, großen und riesigen Ansammlungen von Galaxien, die von der Schwerkraft locker verbunden werden. Er spricht von Spiral- und Balkengalaxien, von elliptischen und irregulären Galaxien, denen die Astrophysiker im Galaxienkatalog Namen gaben, die zum Teil stark an den Fahrplan der Deutschen Bahn erinnern: IC 2163, NGC 2207 oder Abell 2218. Er nennt Namen wie „Virgo" und „Coma", Haufen und Superhaufen von Galaxien. Es sind Millionen von Lichtjahren lange Ketten, die im Hintergrund wie feiner Badeschaum auf dunklem Wasser schwimmen.

Etwa 140 Milliarden Galaxien werden im beobachtbaren Universum geschätzt. Allein auf den Fotos optischer Teleskope wie zum Beispiel dem Hubble-Weltraumteleskop sind bis zu einer Million Sternensysteme zu erkennen.

„Wo sind wir, Herr XaphoX?", will Helen Hünten wissen.

„Auf dem Weg zurück zum Anfang."

„Aber wo genau?"

„Einen Ort kann ich nicht bestimmen. Der Generator zeigt eine Zeit vor vier bis fünf Milliarden Jahren an."

„Sie meinen, zurück in der Zeit?"

„Ja. Wir können es auch beschleunigen, wenn Sie es wünschen."

„Werden wir denn je wieder in unsere Gegenwart zurückkehren?"

„Ich verspreche es Ihnen. Hier werden Sie übrigens Zeuge eines Supercrashs! Sehen Sie nur, was mit den beiden Galaxien da draußen passiert."

Im Panoramafenster erscheinen zwei riesige spiralförmige Räder, die leuchten wie ein Feuerwerk.

„Achtung! Ich beschleunige den Vorgang."

Der Androide bewegt den Zeitrafferstick, die Räder drehen sich schneller, ihre langen Spiralarme scheinen sich zu verhaken, zu umarmen, teilweise aufzulösen und sich neu zu formieren. Die Systeme vereinigen sich. Gewaltige Gaswolken bilden sich, in denen viele neue Sternenfeuer aufleuchten.

„Sie sprachen von einem Crash. Es scheint aber alles friedlich abzulaufen."

„Das stimmt. Crash ist nicht das richtige Wort. Es kommt immer wieder mal zu so einer Vereinigung von Galaxien. Die Entfernungen zwischen den Ster-

nen sind allerdings viel zu groß, als dass es dabei zu katastrophalen Zusammenstößen kommen könnte. Die Wahrscheinlichkeit, dass dabei zwei Sterne zusammenstoßen, beläuft sich gegen null."

Immer weiter zurück auf der Wurmlochumgehungsstraße

Das Raumschiff benutzt die Wurmlochumgehungsstraße. Immer weiter zurück in Raum und Zeit passiert es die Quasare, Himmelsobjekte, die alles Bisherige in den Schatten stellen. Sie bieten den Reisenden ein einmaliges Schauspiel mit ihren hellen Zentren und sich drehenden Scheiben aus Gas und Staub. Ihre Größe, Helligkeit und Strahlung ist stärker als alles, was bisher gemessen wurde.

Quasare (quasistellare Objekte) werden die Energiemonster genannt, die 1969 entdeckt wurden und zu den am weitesten entfernten und am stärksten strahlenden Objekten im Universum zählen. Ihr Alter schätzen die Astronomen auf über elf Milliarden Jahre.

„Wir nähern uns dem Anfang der Welt!", erklärt der Reiseleiter.

„Ganz gleich, welchen tollen Weltraumobjekten wir begegnen, alles sieht für mich im Zeitraffer so aus, als bewege es sich irgendwohin", sagt einer der Mitreisenden.

„Was treibst du hier für Spielchen mit uns, XaphoX?"

„Natürlich setze ich meine unendlich vielfältigen Möglichkeiten als galaktischer Reiseleiter ein", erklärt der Androide nicht ohne Eitelkeit.

„Also bewegt sich alles da draußen?"

„So ist es. Auch wenn man es in der – nach astronomischen Maßstäben – winzigen menschlichen Lebenszeit von der Erde aus nicht bemerken kann: Alle Sternenansammlungen bewegen sich, und zwar voneinander fort."

„Wie ist das zu verstehen? Sie hatten doch von Vereinigungen gesprochen, Herr Reiseleiter?", fragt Hünten.

„Das ist nur scheinbar ein Widerspruch. Auf begrenztem Gebiet
kann es durchaus zu einem Zusammentreffen, einem Zusammenschluss von einzelnen Sternensystem und Galaxien kommen. Da
siegt wieder die Schwerkraft, wenn sich die Objekte zu stark annä-
hern. Doch aus großer Entfernung und im Überblick gesehen flieht
alles voreinander. Doch niemand kann Ihnen das besser erklären als
unser nächster Gast!"

Mit diesen Worten betätigt XaphoX wieder den Mechanismus der
Zeittüre.

Der „schöne Lügner"

„Ah, sehr gut, dass Sie uns gerade in diesem Augenblick die Ehre er-
weisen, Sir Edwin. Darf ich vorstellen: Mr Edwin Powell Hubble,
einer der bedeutendsten Astronomen des 20. Jahrhunderts. Sir Edwin,
Sie können die Fragen dieser Herrschaften hier viel besser beantworten als ich, der ich nur den Rang eines Reiseleiters bekleide."

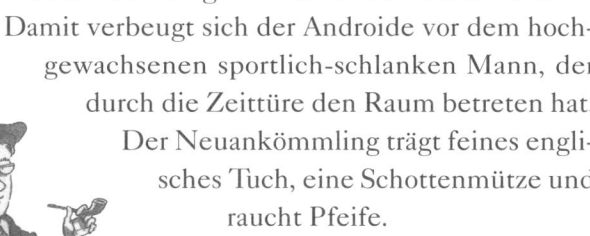

Damit verbeugt sich der Androide vor dem hoch-
gewachsenen sportlich-schlanken Mann, der
durch die Zeittüre den Raum betreten hat.
Der Neuankömmling trägt feines engli-
sches Tuch, eine Schottenmütze und
raucht Pfeife.

Mr Hubble stellt sich in Po-
situr. Der Mann, das merkt
man sogleich, ist es gewohnt,
vor Publikum zu sprechen:
„Mein ganzes Forscher-
leben lang befasste ich mich

mit dem Rätsel des Universums. Ich kann sagen, dass die Wissenschaft mir viel verdankt", sagt er selbstbewusst. Er weist hinaus in das tintenschwarze All mit seinen zahlreichenden leuchtenden Objekten.

Manche Forscherkollegen bezeichneten den US-Amerikaner Edwin Powell Hubble (1889–1953) als „schönen Lügner", obwohl sein wissenschaftlicher Ruf unbestritten war. Gemeint war damit sein Hang zur Aufschneiderei, seine Berichte über angebliche Heldentaten auf den Schlachtfeldern im Ersten Weltkrieg oder seine Siege in sportlichen Wettkämpfen. Verbürgt ist allerdings, dass er 1906 einen Hochsprungrekord in Illinois aufstellte. Hubble, der einige Jahre in Oxford lebte, nahm die englische Lebensart an und sprach in einem blasierten Tonfall, den er für typisch britisch hielt.

„Vor allem trug Ihre Arbeit entscheidend dazu bei, das Alter des Universums zu bestimmen", sagt XaphoX.

„Das ist richtig. Diese Altersbestimmung beruht auf meiner Entdeckung in den 1920er-Jahren, wonach sich alle Galaxien von uns fortbewegen. Je weiter sie entfernt sind, desto größer ist ihre Geschwindigkeit."

„Meinen Sie mit ,uns' die Erde oder diese Stelle hier, wo uns der Android mit seinem Schiff hingeführt hat?", fragt der Science-Fiction-Autor.

„Gute Frage", lobt der Astronom. „Unsere Berechnungen haben ergeben, dass sich alle Objekte im Raum voneinanderfortbewegen. Er dehnt sich aus, nach allen Seiten hin schnell und gleichmäßig. Das würde man von jeder Stelle aus beobachten."

„Wie war es denn damals möglich, diese Bewegungen von der Erde aus zu messen?", fragt einer der Sternenfreunde.

„Ich will es Ihnen gerne darlegen. Professor Einstein kennt meine Leistungen und hat sie auch entsprechend gewürdigt. Zur Sache also:

Im Jahre 1923 verglich ich die Fotoplatten mit Aufnahmen von Galaxien, die ich und die Kollegen früher gemacht hatten. Dabei entdeckte ich ein einfaches Mittel, um die Geschwindigkeit von fernen Galaxien zu messen. Lichtwellen kann man mit akustischen Wellen vergleichen. Ich erzählte meinen Studenten gerne das Beispiel eines vorbeifahrenden Polizeiwagens mit eingeschalteter Sirene."

Wenn sich die Sirene vom Beobachter entfernt, werden die Schallwellen verlängert. Der Ton wird tiefer. Rast die Sirene auf ihn zu, werden die Wellen verkürzt und sie klingt höher. Dieser „Dopplereffekt" wurde nach dem österreichischen Physiker und Mathematiker Christian Doppler (1803–1853) benannt.

Hubble fährt fort: „Das Gleiche geschieht beim Licht, das die Galaxien aussenden und das wir messen: Entfernen sie sich von uns, werden ihre Lichtwellen auf dem Weg in unsere Teleskope gedehnt, praktisch in die Länge gezogen. Dadurch verschiebt sich ihre Farbe in den roten Bereich des Farbenspektrums in den Bereich der langen Wellen. Wie Sie alle wissen, meine Herrschaften, kann man mit einem Prisma das weiße Licht in verschiedene Farbbereiche zerlegen. Jeder Bereich bedeutet eine unterschiedliche Wellenlänge. Rot ist die Farbe mit der längsten Wellenlänge. Den Effekt, den ich eben beschrieb, nennt man ‚Rotverschiebung' oder ‚Redshift'."

„Was bedeutet er genau?"

„Sie meinen, wenn die Längen der Wellen gedehnt werden?"

„Richtig."

„Das Objekt entfernt sich", ruft jemand.

„Es entschwindet wie der sich entfernende Polizeiwagen, dessen Ton sich verändert. Wir verglichen unsere Fotoplatten mit den früheren Aufnahmen und konnten so die Rotverschiebung bei verschiedenen Entfernungen bestimmen. Ein weiteres Ergebnis unserer Messungen war, dass die weit entfernten Galaxien sich schneller von uns entfernen als die näher gelegenen."

„Es gibt demnach eine Beziehung zwischen der Entfernung und der Fluchtgeschwindigkeit?"

„Ja, diese Formel konnte ich errechnen und sie wurde seither von zahlreichen anderen Astronomenkollegen durch ihre Messungen bestätigt."

Die Hubblekonstante

Die Fluchtgeschwindigkeit einer Galaxie steht in direkter (linearer) Beziehung zu ihrer Entfernung von uns.

Geschwindigkeit = H x Entfernung.

Die Hubblekonstante H beträgt dabei ungefähr 75 Kilometer pro Sekunde pro ein Megaparsec (MPC – dieses astronomische Maß entspricht etwa 30 Trillionen Kilometern).

Daraus geht hervor: Je größer die Entfernung, desto mehr Geschwindigkeit.

Die Gleichung für 100 MPC würde also lauten: 100 MPC x H = 7.500 Kilometer pro Sekunde.

In Worte übersetzt: Eine Galaxie, die 3.000 Trillionen (das sind drei Trilliarden oder eine drei mit 21 Nullen) Kilometer von der Erde entfernt ist, hätte dann eine Geschwindigkeit von 7.500 Kilometer in der Sekunde.

Die Wissenschaft stellt Hubble in eine Reihe mit seinen berühmten Vorgängern Kopernikus, Kepler und Galilei. Sie alle waren beobachtende Astronomen, die Bedeutendes entdeckten und ein seinerzeit vorherrschendes Bild von der Welt ins Wanken brachten. Hubble entdeckte die „Flucht" der Galaxien voreinander. Je weiter sie von uns weg sind, desto schneller entfernen sie sich. Hatte Einstein mit seiner Relativitätstheorie bereits das Absolute und Ewige von Raum und Zeit infrage gestellt, so setzte Hubble noch eins drauf: Die Bewegung aller Galaxien voneinander fort bedeutet nichts anderes, als dass sich das Universum beständig ausdehnt.

Vereinfacht kann man sich das Universum wie einen Hefeteig mit Rosinen vorstellen, der im Backofen aufgeht. Jede Rosine ist eine Galaxie, die sich beim Aufgehen des Kuchens von ihren Nachbarn entfernt.

Im Jahr 1990 wurde das nach Hubble benannte Weltraumteleskop auf seine Umlaufbahn gebracht. Es lieferte bisher eine Fülle von eindrucksvollen Bildern von allen Planeten und ihren Monden unseres Sonnensystems bis hin zu weit entfernten Objekten am Rande der Welt. Es half, viele Rätsel des Kosmos zu klären, und sogar der indirekte Nachweis von schwarzen Löchern gelang dem tonnenschweren und busgroßen Gerät mit seinen wie Sonnenpaddel wegstehenden Flügeln.

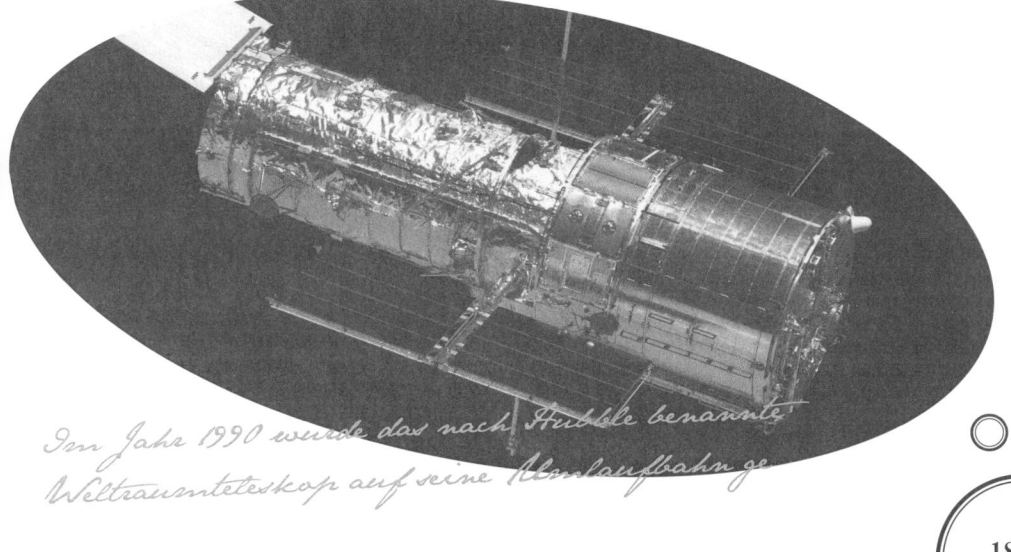

Im Jahr 1990 wurde das nach Hubble benannte Weltraumteleskop auf seine Umlaufbahn ge

Wie alt ist das Universum?

In seinem Vortrag zeigt Hubble den Reisenden auch Fotos und Filme von seiner Arbeit im kalifornischen Mount Wilson Observatory. Dort hatte er ab 1919 zehn Jahre lang gearbeitet und seine bahnbrechenden Entdeckungen gemacht. Er erwähnt fairerweise auch die Verdienste der Kollegin Leavitt, auf die er aufbauen konnte. Denn die Geschwindigkeit der voneinander flüchtenden Galaxien alleine reicht nicht aus. Man muss auch ihre wirkliche Entfernung kennen, um weitere Aussagen machen zu können.

Henrietta Swan Leavitt (1868–1921)

Diese Frau verdient schon deshalb eine eigene Informationsbox, weil es ihr als einer der ersten und wenigen Frauen gelang, als Astronomin in eine von Männern beherrschte Wissenschaft einzudringen. Ihr gelang es Anfang des 20. Jahrhunderts, eine Methode auszuarbeiten, mit der es möglich war, Entfernungen von veränderlichen Sternen zu messen. Diese sogenannten Cepheiden flackern in bestimmten Abständen auf. Man findet sie in vielen Galaxien. Es sind sozusagen feste Messpunkte, mit denen man über große Strecken hinweg Abstände genau bestimmen kann.

„Wenn Sie uns, sehr geehrter Sir Edwin, kurz in den einfachsten Worten noch einige Dinge erklären könnten", bittet der Reiseleiter. Hubble, der auch als Autor mit populärwissenschaftlichen Veröffentlichungen und die eigenen astronomischen Verdienste gehörig unterstreichenden Schriften in den 1930er-Jahren hervorgetreten war, wirft sich wieder in Pose.

„Natürlich, meine Damen und Herren!"

„Könnte man es sich so vorstellen, dass die Galaxien wie die Splitter nach einer Explosion in alle Richtungen davonfliegen?"

„Na ja, unsere ‚Explosion' hat natürlich kein Zentrum im herkömmlichen Sinn, außerdem wird die Geschwindigkeit der ‚Splitter' immer größer, je weiter sie entfernt sind. Das ergeben meine Beobachtungen und exakten Messungen."

„Geht die Reise ewig so weiter? Oder werden die Galaxien irgendwann langsamer? Fallen sie gewissermaßen zu Boden wie die Explosionssplitter?"

„Natürlich werden sie nicht zu Boden fallen. Wir befinden uns im Weltraum, da gibt es keinen Boden."

„Der Raum ist gekrümmt, wie wir von Herrn Einstein erfahren haben."

„Oh, Mr Einstein und sein gekrümmter Raum, nun ja …", näselt Sir Edwin. „Ich kann Ihnen nicht sagen, wie es dereinst weitergehen wird. Alles hängt von der Masse und der Schwerkraft ab, wie Sie sicher wissen. Sollte es insgesamt zu wenig Masse im Universum geben, wird es ewig auseinanderdriften. Der Raum wird leerer und leerer, die Abstände weiter und weiter."

„Sie meinen, die Energie der Explosion treibt die Materie, die Galaxien, Sterne, Planeten, einfach alles bis in die Unendlichkeit?", übernimmt Helen Hünten jetzt die Fragerei.

„Das sagen die Naturgesetze."

„Und im anderen Falle? Wenn es genügend Masse, also genügend Galaxien gäbe und damit die Gravitation groß genug wäre?"

„Dann wird das Auseinanderdriften irgendwann in einer fernen Zukunft ein Ende haben. Die Schwerkraft wird siegen und die Materie wird sich wieder vereinen, wenn die Fliehkraft ihr nicht mehr entgegenwirkt."

Dunkle Rätsel

In den letzten Jahren geistern die Begriffe „dunkle Materie" und „dunkle Energie" durch die Welt der Astrophysik. Sie bedeuten nichts anderes, als dass die Wissenschaft vor einem Rätsel steht: Messungen zeigen, dass es im Universum sehr viel mehr Materie geben muss, als man sehen kann. Nach dem Schwerkraftgesetz würden sonst die Galaxien und Galaxienhaufen nicht zusammenbleiben.

Die „dunkle Energie" ist dafür verantwortlich, dass sich das Universum ewig weiter ausdehnen wird, bis alle Sterne erloschen sind. Das All wird noch viel größer sein, als man heute annimmt, und obendrein vollkommen dunkel, kalt und völlig leblos. Eine grauenhafte Vorstellung.

„Ich denke, eine Pause wäre fällig", meint Rockden.

„Die entscheidende Frage wurde Mr Hubble noch nicht gestellt", gibt der Reiseleiter zu bedenken.

„Uns schwirrt bereits der Kopf vor lauter Unendlichkeiten", sage ich.

„Dennoch, nutzen Sie die Gelegenheit, solange Sir Edwin noch da ist", fordert der Androide die Reisenden auf. „Nun?"

„Wann hat alles angefangen, Sir Edwin?", fragt der Journalist. „Wenn der Raum sich ausdehnt wie ein Rosinenkuchen, so muss es doch einen Anfang gegeben haben. Wann war der Kuchen winzig klein? Wann wurde der Backofen eingeschaltet, wann begann die Ausdehnung? Oder die Explosion, von der gesprochen wurde?"

Das Wort „Urknall" gebrauchte, so weit bekannt ist, Edwin Hubble nicht. Seine Schüler und Kollegen löcherten ihn ständig mit der Frage, wann alles anfing. Denn es war nur logisch, dass das größer werdende Universum, wie es Hubble nachwies, auch irgendwann mit dieser Ausdehnung begonnen haben muss. Hubble und Astronomen nach ihm errechneten so ein Alter des Weltalls von ungefähr 13,7 Milliarden Jahren!

Taubendreck

Die Journalisten und Kameraleute werden immer ungeduldiger. Sie  warten darauf, dass ihnen endlich der Beginn der Welt gezeigt wird.

„Wann beginnt die Show?"

„Wann knallt es endlich?"

„Wir brauchen Bilder für die Abendnachrichten!"

„Noch etwas Geduld, meine Damen und Herren", bittet der Reiseleiter. Er zeigt auf den Großbildschirm. „Hätten Sie bitte die Güte, sich einen kleinen Film anzusehen."

„Was soll das sein, XaphoX?", frage ich. „Sieht aus wie ein großes Ohr, das in der Gegend herumsteht."

„Gut beobachtet", sagt der Androide. „Sie sehen hier ein Gerät, das auf einem Hügel bei Holmdel, New Jersey, steht."

„Es sieht aus wie ein verbeulter, zur einen Seite hin offener Container", bemerkt jemand.

„Eine Art Hörrohr."

„So etwas Ähnliches ist es auch", erläutert XaphoX. „Bei diesem merkwürdigen Gebilde handelt es sich um eine große Funkantenne. Sie galt im Jahre 1964, in der unsere kleine Szene spielt, die ich Ihnen nun vorführen werde, als hochmodern und war der ganze Stolz der Bell Laboratories. Heute ist es übrigens eine Gedenkstätte für Astronomen."

„Und was hat das mit dem Urknall zu tun?"

„Sehr viel. Sehen Sie hier, verehrte Mitreisende: Diese beiden Herren, die hier in der Öffnung des Antennenohrs herumkriechen, sind kurz davor, das Echo des Big Bang zu hören."

„Die scheinen ziemlich sauer zu sein!"

Im Film ist lautes Schimpfen zu vernehmen:

„Verdammt!"

„Immer diese Störsender!“

„Lass uns die Antenne nach Osten drehen, Arno!“

„Hat keinen Zweck. Es kommt aus allen Richtungen. Immer derselbe Ton!“

„So kann man einfach nicht arbeiten!“

„Lass uns noch mal die Messinstrumente überprüfen!“

„Haben wir schon dreimal gemacht. Da ist nichts, alles in Ordnung!“

„Sind wahrscheinlich die verdammten Viecher!“

„Wie Sie sehen“, schaltet sich XaphoX wieder ein, „nervte die beiden jungen Wissenschaftler Arno Penzias, geboren 1933 in München, und Robert Woodrow Wilson, geboren 1936 in Houston, im Sommer 1964 ein ständiges Rauschen in ihrer Antenne, das alles andere überlagerte. Ihr Auftrag war, für die Bell Laboratories die neue Funkantenne zu testen und für größere Radiowellen-Reichweiten einzurichten. Aber es kam ihnen ständig eine Störung dazwischen.

Ein Jahr lang versuchten sie, die Ursache zu finden. Naheliegend war, dass es am Gerät selbst lag. Sie überprüften die elektrische Einrichtung, ersetzten Kabel, Stecker und Schalter. Sie krochen in alle Ecken und kehrten den Taubendreck aus, der an den Rändern der gebogenen vorderen Öffnung der Antennenschüssel klebte.

Kurz, die beiden waren völlig verzweifelt und nahe daran, ihren Job hinzuschmeißen. Nebenbei bemerkt hätte ich sie auch gerne hierher zu uns eingeladen, doch sie hatten – immerhin leben sie ja noch – wegen anderer wichtiger Verpflichtungen keine Zeit.“

„Wie ging es weiter mit dem Urknall-Echo?“

Das Echo des Urknalls

Penzias und Wilson berichteten ihren Astronomie-Kollegen in Princeton von ihrem Problem. Schlagartig wurde klar, dass man hier etwas gefunden hatte, das der in Russland geborene Astrophysiker

George Gamow (1904–1968) in Veröffentlichungen bereits 1940 vorausgesagt hatte: Wenn das Universum mit einem gewaltigen Lichtblitz entstanden war, müssten Spuren jenes Ereignisses noch zu finden sein. Gamow entwickelte Ende der 1940er-Jahre als Erster ein Konzept über einen Urknall als Anfang des Universums.

Penzias und Wilson erhielten 1978 den Nobelpreis für Physik für die „Entdeckung der kosmischen Hintergrund-Mikrowellenstrahlung", wie es in der Begründung hieß.

Nicht Taubendreck oder ein defekter Schalter war die Ursache des Geräuschs, das Penzias und Wilson so viel Kopfzerbrechen bereitet hatte, sondern der Rest einer Strahlung, die vom Beginn der Welt kündet. Sie wird auf der Erde nicht mehr als ein strahlendes Leuchten gesehen, denn dazu hat sie sich schon viel zu stark abgeschwächt. Das schwache Rauschen, seither als Hintergrundstrahlung bezeichnet, erreicht uns nach einer Reise von knapp 14 Milliarden Jahren. Seit 1965 wurde es mehrfach mit sehr viel feineren Instrumenten auch von Satelliten gemessen. Das Rauschen blieb. Es kommt als ältestes messbares Signal aus allen Himmelsrichtungen und gilt als Beweis für die Theorie des Urknalls, mit dem alles anfing.

Wir, du lieber Leser und ich, schalten den Fernseher ein: Schneegestöber auf dem Bildschirm statt der Bundesliga-Übertragung; wir wollen im Radio eine Musiksendung hören, aber sie wird überlagert von einem schwachen, aber störenden Rauschen; oder beim Handygespräch gibt es eine Verzerrung und allerlei Kratzen und Knacken. Diese Störungen können allerlei Ursachen haben, von schweren Explosionen auf der Sonnenoberfläche über die vorbeifahrende S-Bahn bis hin zu nicht korrekt eingestellten Geräten.

Möglicherweise mischt sich aber auch dieses schwache Hintergrundrauschen ein, das Penzias und Wilson mit ihrer Antenne entdeckten, das Echo vom Urknall.

Ist diese Vorstellung nicht ein bisschen unheimlich? Dass man in dieser Sekunde, auf verschiedene Weisen durch TV, Radio oder andere selbstverständliche Dinge unseres Alltags mit den Signalen vom Anfang der Welt berührt wird, ohne dass es uns jemals klar ist?

Die Theorie vom „Urknall" war allerdings von Anfang an starker Kritik ausgesetzt. Einer ihrer prominentesten Gegner war Fred Hoyle. Der Mann konnte richtig böse werden, wenn ihm Wissenschaftler die Theorie vom Urknall erklären wollten. Das ist „Gebrabbel", pflegte Fred Hoyle (1915–2001) zu sagen, ausgerechnet er, der das Wort „Big Bang" erfunden hatte, aus dem im Deutschen dann der „Urknall" wurde. Mit der Wendung wollte er sich allerdings eher über die Theorie lustig machen, nach der das Universum mit einem Knall begonnen hatte.

Hoyle, Astronom, Mathematiker und Schriftsteller, glaubte an den ewigen Bestand des Weltraums. Die durch die Messungen Hubbles nachgewiesene Bewegung der Galaxien erklärt er damit, dass ständig neu entstehende Materie den Raum auseinanderdrückt und dass sie nicht von der Energie eines großen Anfangsknalls herrühren könne.

In den Science-Fiction-Bibliotheken stehen mehrere Bücher von Hoyle. Bekannt wurde er unter anderem durch das sehr interessante Buch *Die schwarze Wolke* (The Black Cloud). Darin wird beschrieben, dass ein großer Teil intelligenten Lebens im Universum in Form von riesigen interstellaren Wolken existiert. Diese Wolken sind überrascht über die Tatsache, dass sich auch auf Planeten, also festen Himmelskörpern wie der Erde, Leben bilden kann.

Let the show begin

„Bevor Sie wieder fragen, wo wir uns befinden", erklärt der Androide, „will ich Ihnen gleich antworten: Die Hermes schwebt natürlich in einer Zeitblase."

„Kommen wir wieder zurück in unsere Gegenwart?", will jemand wissen.

„Ich verspreche es."

„Beginnt die Urknall-Show jetzt?", fragt Helen Hünten. „Sie werden verstehen, dass wir etwas besorgt sind. Beim Big Bang handelt es sich, wie alle wissen, um ein so unerhörtes Ereignis, dass wir es uns letztlich nicht vorstellen können."

„Bedenken Sie, wir haben den Sprung in und durch die schwarzen Löcher überlebt", versucht XaphoX zu beruhigen.

„Aber das hier ist noch ein paar Nummern größer."

„Eher kleiner", beruhigt der Androide, „man wird es kaum bemerken."

„Wie, kein Blitz? Kein Feuer von vielen Millionen Grad, kein Knall?" Ein Kameramann von TV-Galactika scheint fast enttäuscht zu sein.

„Nichts dergleichen."

Alles drängt sich noch mehr um den Reiseleiter.

„Sie wollen doch nur, dass wir uns nicht aufregen, Herr Reiseleiter!"

Alles auf Anfang

„Sind Sie sicher", fragt Rockden, „dass wir uns hier tatsächlich am Anfang des Universums befinden und nicht in einer dunklen Ecke irgendeiner galaktischen Abstellkammer?"

„Natürlich bin ich sicher. Schließlich erlebe ich das Event nicht zum ersten Mal."

„Wie?", schreien mehrere Passagiere durcheinander. „Der Big Bang ist doch ein einmaliges Ereignis! Den kann man nicht wiederholen."

„Alles nur Simulation", schimpft jemand. „Betrug! Wir werden uns beim Veranstalter beschweren!"

„Beruhigen Sie sich", sagt Einstein, der näher getreten ist. „Haben Sie vergessen, dass wir in der Zeit zurückgereist sind? Das lässt sich mit den Mitteln, die unserem Herrn XaphoX offensichtlich zur Verfügung stehen, immer wieder bewerkstelligen."

Der Androide verbeugt sich vor dem großen Physiker.

„Sie sagen es, Herr Professor."

„Das würde vielleicht bedeuten, dass du womöglich auch Einfluss hättest auf den Anfang", frage ich „Du könntest der Sache eine andere Wendung geben, die Geschichte des Universums verändern, wie es dir passt."

„Eine interessante Möglichkeit", erwidert der Androide.

„Herrlich!", ertönt die Stimme des Schriftstellers Rockden. „Nichts anderes behaupte ich in der *12. Dimension*. Darin beschreibe ich, wie beim Big Bang viele, wenn nicht gar unendlich viele Universen entstehen können. Eines davon ist zufällig das, in dem wir uns befinden. Eine kleine Unregelmäßigkeit beim Ablauf, eine winzige weitere Drehung der Schraube und es hätte auch völlig anders kommen können."

Hätte alles auch anders verlaufen können?

„Stimmt das, Herr XaphoX?"

„Gewiss hätte eine kleine Veränderung zu Beginn unabsehbare Folgen für die Naturgesetze, die Sie alle kennen. So wie Ihr Heimatplanet, die Erde mit allem Leben darauf, sich nicht hätte bilden können, wenn nach einer Supernova zu wenig Material übrig geblieben wäre, wäre auch das Universum nie entstanden, wenn es zu Beginn noch heißer gewesen wäre."

„Sie meinen, alles nur Zufall?"

„Das kann man so nicht sagen."

„Doch ein göttlicher Plan hinter allem?"

„Vielleicht. Ich weiß es nicht, da bin selbst ich mit meinem Latein am Ende."

„Wie lange sollen wir noch warten?"

Die Fotografen und Kameraleute werden noch ungeduldiger.

„Es kann noch dauern, bestellen Sie sich doch einstweilen einen Drink. Selbstverständlich geht alles auf Kosten des Hauses."

„Wollen Sie damit sagen, dass Sie nicht wissen, wann genau es passiert?", fragt der Journalist des Plejaden-Boten.

„Der Urknall kann nicht auf die Sekunde genau festgelegt werden. Was ich sagen kann, ist, dass wir uns jetzt kurz davor befinden. Wie Sie beim Blick nach draußen feststellen, sind wir bereits in der absoluten Dunkelheit."

Noch etwas Mathematik gefällig?

10^2 (zehn hoch zwei) schreibt man für 10 mal 10. 10^3 wäre dann 10 mal 10 mal 10, also 1.000. Die „Hochzahl" gibt entsprechend die Zahl der Nullen hinter der Eins an. Würde man zum Beispiel über die Anzahl der Sterne in unserer Milchstraße reden, müsste man ihre Zahl mit 2 mal 10^{11} schreiben, das sind 200 Milliarden. Ein Lichtjahr, die Strecke, die das Licht in einem Jahr zurücklegt, ist in dieser Schreibweise 9,4 mal 10^{12} Kilometer (ungefähr zehn Billionen Kilometer).

Sehr kleine Zahlen würde man in ähnlicher Schreibweise ausdrücken. Ein Tausendstel (1/1000) ist 10^{-3} (zehn hoch minus drei) oder anders geschrieben 0,001.

„Das Licht ist noch nicht da?", fragt Hünten.

„Richtig. Wir befinden uns kurz vor dem Nichts, aus dem alles entstehen wird. Auch das Licht. Bitte entspannen Sie sich, ich werde Ihnen erläutern, was hier gleich passieren wird."

Entstehung aus dem Nichts

„Wir befinden uns nun in der Zeit vor etwa 13,7 Milliarden Jahren, als alles seinen Anfang nahm."

„Und davor?"

„Keine Zeit und kein Raum. Nicht das kleinste Atom, kein bisschen Strahlung, kein Licht oder sonst irgendetwas. Da draußen ist einfach nichts. Am besten ist, man sagt gar nichts und lässt all die vielen

Theorien, die es über das Nichts vor dem Anfang gibt, vor der Sekunde null, unbeachtet. Es übersteigt einfach unsere Vorstellungskraft."

„Herr Professor Einstein, Sie werden doch sicher mehr zu sagen haben über den Beginn der Welt", ruft ein Sternenfreund dem Physiker zu.

„Bedenken Sie bitte", sagt Einstein, „dass man erst am Ende meiner Lebenszeit in den 1950er-Jahren eine Ahnung davon bekam, wie alles angefangen hat. Das Einzige, was ich weiß, ist, dass unsere Naturgesetze im ganzen Universum gelten. In dem, was der Herr Androide mit dem Nichts bezeichnet, mögen es andere Gesetze sein. Darüber können wir nichts sagen. Wir Menschen hingegen sind mit unserer Existenz an die physikalischen Gesetze gebunden, die wir kennen. Darüber, was vor dem Urknall war, müssen wir schweigen. Ich fürchte, dieses Wissen wird uns für immer und ewig verschlossen bleiben."

Die Vorstellung, dass der Urknall aus einem Punkt heraus geschah, der sich physikalisch nicht beschreiben lässt, und dass es davor nur ein Nichts gegeben haben soll, lässt den Physikern keine Ruhe. In seinem Buch *Zurück vor den Urknall* von 2009 zeigt der deutsche Physiker Martin Bojowald, dass es schon vor dem Urknall ein Universum gegeben haben muss. Auch Alex Vilenkin hält es in seinem Buch *Kosmische Doppelgänger* von 2007 für möglich, dass das Universum, in dem wir leben, nur eines von ganz vielen ist, die es auch schon vor dem Ereignis gegeben hat, das man den Urknall nennt.

Phase eins: Es werde Licht!

Vor den Fenstern der Hermes schwebt ein glühender Punkt. Die Stimmen schwirren durch den Beobachtungsraum des Raumschiffs.

„Big Bang?"
„Der Urknall?"
„Habe nichts gehört?"
„Das Ende?"
„Der Anfang?"

„In diesem glühenden Punkt, den Sie sehen", erklärt XaphoX ruhig, „ist bereits alles enthalten, was unser Universum ausmachen wird."

„Auch Raum und Zeit?"

„Ja."

„Und die Schwerkraft?"

„Ja."

„Und wie ist das alles entstanden?"

„Ich sagte es bereits. Aus einem Nullpunkt, aus dem Nichts, aus der Singularität."

„Mr. Einstein", ruft jemand, „waren Sie es nicht, der gesagt hat, wenn der liebe Gott sich diese einmalige Chance, aus dem Nichts die Welt zu erschaffen, entgehen lassen hätte, hätte er eine Dummheit begangen."

„Ich erinnere mich zwar nicht an den Spruch, er könnte aber von mir sein", antwortet Einstein.

„Ich fahre fort mit der Demonstration", verschafft sich der Androide wieder Gehör. „Was wir hier in der Zeitdehnung unseres Generators sehen, ist eine Winzigkeit nach dem Anfang. Der kleinstmögliche Moment nach dem Nullpunkt."

„Das Pünktchen wird größer. Sieht aus wie eine glühende Murmel."

„Er ist unendlich heiß. Eine Trilliarde Grad oder mehr. Man kann es nur schätzen. Ein heißer Brei, aus dem Nichts entstanden. Wie dieser Vorgang genau ablief, weiß wie schon gesagt niemand."

„Sie auch nicht, Herr Reiseleiter? Sie wissen doch sonst alles."

„Ich kann nur beschreiben, wie es vermutlich weiterging. Sehen Sie hin, hören Sie zu!"

Phase zwei: Die Welt als Murmel

„Mit einem Schlag haben sich in dem heißen Brei Photonen gebildet. Sonst wäre es stockdunkel draußen", erklärt XaphoX.

„Photonen?", Helen Hunten blinzelt den Androiden etwas verwirrt an, „das sind Lichtteilchen, oder?"

„Ja, genau! Lichtteilchen oder auch Lichtquanten, also winzige Pakete ohne Masse, die ihr ganzes Leben mit Lichtgeschwindigkeit fliegen. Licht kann allerdings sowohl als Welle oder als kleines Teilchen als auch als Teilchenstrom betrachtet werden, wie neben unserem Herrn Einstein vor allem der deutsche Physiker Max Planck herausfand. Welle oder Teilchen, mit beiden Modellen lassen sich bestimmte Eigenschaften des Lichts berechnen und beschreiben. Die Energie eines Lichtteilchens ist größer, je kleiner die Wellenlänge ist. Die Photonen des kurzwelligen blauen Lichts transportieren also mehr Energie als die des langwelligen roten Lichts. So dringen die kurzwelligen Röntgenstrahlen in den Körper ein, während die langwelligen Infrarotstrahlen auf der Oberfläche bleiben und nur die Haut erwärmen. Aber ich gehe zu sehr ins Detail, meine Herrschaften. Sehen sie einmal, was sich da draußen tut!"

Die Zeitdehnung zeigt das Universum als Punkt, dann als Murmel, danach in der Größe einer Apfelsine, eines Fußballs und es dehnt sich rasch immer weiter aus.

„Herr Professor Einstein, könnten Sie für uns das Geschehen noch einmal in Worte fassen", bittet der Reiseleiter. Der Physiker verfolgt sehr interessiert die Demonstration.

„Energie kann in Masse und damit in Materie umgewandelt werden, wie Sie bereits wissen", sagt Einstein. „Bei der Ausdehnung des jungen Universums, die Ihnen unser Reiseleiter hier vorführt, verwandelt sich die reine Energie des Urknalls durch die Abkühlung in Materie."

Was genau ist eigentlich mit Materie gemeint? Vereinfacht gesagt ist es kondensierte Energie, also alle Stoffe, die eine Masse besitzen, die man wiegen kann. Die Masse des Atoms konzentriert sich im Atomkern.

„Das lässt sich mit Ihrer Formel $E = mc^2$ errechnen?"

„So ist es."

„Wenn wir also wüssten", fragt Rockden, „wie viel Energie am Anfang da war, könnten wir mit dieser einfachen Gleichung errechnen, wie viel Materie es heute insgesamt im Universum gibt?"

„Ja, denn wir stellen uns vor, dass in jener unendlich großen Hitze des Beginns sämtliche Materie steckte."

„Sie meinen, dass alle uns bekannten Himmelsobjekte wie Sterne, Planeten, Monde und alle anderen größeren und kleineren Erscheinungen und natürlich alle Lebewesen und Pflanzen eine Form von schlummernder Energie darstellen?"

„Ja."

„Und alles war von Anfang an in jenem heißen Brei bereits da?"

„Das kann man annehmen, es geht sogar noch einen Schritt weiter: Eine Theorie besagt, dass am Anfang neben der Materie auch die Antimaterie entstand. Wie Plus und Minus vernichteten sich die beiden gegenseitig. Allerdings – so die Vorstellung –, gab es eine Ungleichheit: Es war mehr Materie als Antimaterie vorhanden. Unser Glück, denn aus diesem Rest besteht heute die ganze Welt."

Phase drei: Chaos

„Ich sehe nicht viel", mault der Kameramann von TV-Galactika. „Bloß ein diffuses Licht, das nichts hergibt."

„Ich zoome das Bild für Sie heran", sagt der Reiseleiter. „Was sehen Sie?"

„Einen See aus kochender Lava?"

„Allerdings ist der Strahlungsbrei dort draußen außerhalb unserer geschützten Zeitblasenzone viel heißer und dehnt sich schnell aus. Ich gehe noch näher heran."

„Fantastisch! Sieht aus, als würde man geradewegs ins Innere der Sonne fahren."

„Noch näher! Was erkennen Sie in dem Gebrodel?"

„Winzige Wellenpakete."

„Entsteht jetzt die erste Materie gemäß der Formel von Professor Einstein?"

„Ja. Was Sie sehen, sind die ersten elementaren Teilchen, die sich in den Kernen der Atome finden."

ATOME bestehen aus einem Kern in der Mitte und einer weiter außen gelegenen Hülle. Der Kern enthält positiv geladene Teilchen, die PROTONEN sowie die NEUTRONEN mit neutraler Ladung. Inzwischen weiß man, dass sich auch in den Protonen und Neutronen weitere kleine Teilchen, die Quarks, befinden.

Die Hülle des Atoms besteht aus negativ geladenen ELEKTRONEN. Diese unterschiedlichen Ladungen von Kern und Hülle ziehen sich gegenseitig an. Allerdings wirkt dieser Anziehungskraft die Zentrifugalkraft (Fliehkraft) der Elektronen entgegen. Positive und negative Ladungen gleichen sich aus, sodass Atome elektrisch neutral erscheinen.

„Man könnte sagen, dass dieser Prozess ein Glück für uns alle ist, für uns Menschen und auch für Sie, Herr Androide", bemerkt Einstein. „Wäre die Materie nicht im Urbrei aus der Strahlung entstanden, wären wir heute alle nicht da. Denn die ganze stoffliche Welt entstammt jener Billionen Grad heißen Strahlung nach dem Urknall."

„Sie haben recht, Herr Professor. So muss es nach der Vorstellung Ihrer Wissenschaft gewesen sein. In dieser Strahlung bildeten sich zuerst die einzelnen Bestandteile der Atomkerne, die sich nach und nach zu Kernen zusammenfügten. Auch die weiteren Elementarteilchen, die Elektronen, entstanden aus der Energie des Big Bang und schwirrten noch ungeordnet umher, wie Sie in dem Chaos da draußen sehen."

Das junge Universum vor dem Fenster kühlt sich schnell weiter ab, weil es sich rasch ausdehnt. Der heiße Brei aus Strahlung und dann aus den ersten kleinen Teilchen der Materie werden dünner und dünner.

Phase vier: Erste Ordnung entsteht

„Wie geht es weiter, Herr XaphoX?"

„Die Atomkerne, die im heißen Urbrei entstanden waren, fingen  mithilfe der elektrischen Anziehung ihre Begleiter, die Elektronen, ein. Erlauben Sie mir hier ein paar erläuternde Beispiele, damit klarer wird, in welchen Dimensionen wir uns hier bewegen:

Würde man die Atomhülle auf die Größe des Kölner Doms aufblähen, würde der entsprechend ebenfalls vergrößerte Atomkern nur das Ausmaß eines Kirschkerns erreichen! Dennoch ist in diesem Kern die gesamte Masse des Atoms vorhanden.

Insgesamt könnte man das Atom mit seiner Hülle auch als ein winzig kleines Sonnensystem ansehen. Um den Kern kreisen die Elektronen in einem bestimmten Abstand, der ist jedoch nicht wie bei den Planeten durch eine exakte Bahn vorgegeben, sie bewegen sich viel mehr in einer Art ,Elektronenwolke'.

Im Gegensatz zu den Planeten eines Sonnensystems wechseln die Elektronen ihre ,Bahn'. Springen sie zum Beispiel von außen nach innen, geben sie Energie in Form von Photonen ab. Hüpfen sie umgekehrt von innen nach außen, nehmen sie Energie auf. Sie ,absorbieren' Licht."

„Wann kommen die Sterne?", fragt ein Passagier.

„So weit ist es noch nicht, aber die Welt ist jetzt nicht mehr nur heißes Chaos. Sie ist geordneter. Der Grundstein zum Universum, wie wir es heute kennen, ist gelegt, auch wenn es noch keine Galaxie gibt. Aber die Bausteine beginnen, sich zu formieren. Wasserstoff und Helium wird produziert, die Stoffe, die sich am häufigsten im Weltall finden."

> Wasserstoff ist mit einem Proton im Kern und einem Elektron in der Hülle das leichteste aller chemischen Elemente. Helium besitzt zwei Elektronen. Wasserstoff kommt jedoch nur in Verbindung vor, das heißt, dass sich ein Wasserstoffatom immer mit einem anderen verbindet.

Jonathan D. Rockden mischt sich ein: „Was mich immer noch sehr beschäftigt, Herr Reiseleiter: Wenn sich alles nach dem Beginn, dem Urknall, der kein Knall war, sehr schnell ausgedehnt hat, dann stellt sich doch die Frage, wohin es sich ausdehnt? Wohin wird das sich abkühlende Universum von der Kraft des Big Bang getrieben, die bis heute wirkt, wie wir wissen?"

Kaum vorstellbar: Das Universum dehnt sich aus

„Das Universum ist der Raum selbst, mit allem, was darin entstanden ist. Einen Außenraum, ein Jenseits davon gibt es nicht."

„Unbefriedigend", meint der Autor. „In meinen Geschichten jedenfalls kann ich etwas darüber sagen; kann mir vorstellen, dass beim Big Bang auch ein Jenseits mit entstanden ist. Eine andere Welt, die mit unserer nichts zu tun hat, weil dort eine ganz andere Physik herrscht."

„Das mag sein. Vorstellen kann man sich vieles und wir tun es die ganze Zeit auf unserer Reise durch Raum und Zeit. Doch über die Außenwelt wissen wir rein gar nichts. Die Menschen und wir Androiden leben im selben Universum. Ihre Gehirne und auch unsere künstlich erschaffenen sind einfach nicht in der Lage, sich eine höhere räumliche Dimension vorzustellen, in die hinein sich unser Universum ausdehnt."

Phase fünf: die zweite Schöpfung

„Warum ist denn das Licht draußen schon wieder verschwunden?", will der Kameramann wissen. „Erst ist draußen gar nichts, dann wird es hell und jetzt schon wieder dunkel. Fangen wir von vorne an?"

„Was ist aus den Photonen geworden, den Überträgern des Lichts, von denen Sie gesprochen haben, Herr Reiseleiter?", fragt Hünten.

XaphoX hebt die Hand.

„Viele Wunder haben wir auf unserer Reise zum Ursprung erlebt, meine Damen und Herren. Eines der größten Wunder erwartet Sie in kurzer Zeit. Geduld bitte, ich möchte noch eine kurze Erklärung vorausschicken, warum es nach der strahlenden Anfangshelligkeit wieder dunkel geworden ist: Nach der schnellen Ausdehnung des jungen Universums verlor sich das Licht in den Weiten des Raums. Die Strahlung wurde nach Rot verschoben und damit schwächer. Es wurde dunkler, wie Sie sehen. Doch nun, aufgepasst!"

„Was passiert da?"

Im Zeitraffer sehen die Zuschauer, wie Nebel und Dunstschwaden durch den Raum ziehen. Sie erkennen, wie an manchen Stellen Verdichtungen entstehen, weil sich die Dunstschleier weiter zusammenziehen. Kugelähnliche Formen bilden sich, werden dichter und größer.

Dann flammt ein Licht auf!

> Wann entstanden die Sterne? Astrophysiker schätzen, dass es 300 bis 400 Millionen Jahre nach dem Urknall war. Große Teleskope wie das auf dem Mount Graham in Arizona empfangen noch Sternenlicht aus einer Entfernung von 13 Milliarden Jahren. Das, so wird vermutet, könnte von der ersten Generation von Sternen und Galaxien stammen, welche die Jugend des Universums erleuchteten.

„Fantastisch!"

„Wie Weihnachten!", hört man dann eine bewundernde Stimme.

„Ein Licht in der Finsternis!"

„Wie kommt das?"

„Dahinter steckt die elektromagnetische Anziehungskraft", erklärt der Reiseleiter. „Sie hat nach dem Urknall die Welt gestaltet. Nachdem sie zuerst die Atome zusammengefügt hat, wurde diese unendliche Zahl von Materieteilchen zu gewaltigen Wolken aus Wasserstoff und Helium. Sie haben es gesehen. Sie hätten sich immer mehr ausgedünnt, wenn hier nicht die Gravitation ins Spiel gekommen wäre und die Wolken zusammengezogen und zu Kugeln verdichtet hätte. Sie sind hier also Zeuge bei der Geburt der ersten Sterne", erklärt XaphoX.

„Da, noch mehr Lichter! Eine ganze Kette neuer Sterne ist entstanden!"

„Wissen Sie, die Lebensspanne der ersten Riesensterne währte nur einige Millionen Jahre. Sie explodierten und schleuderten ihr Material in den Raum. In ihrem unvorstellbar heißen Inneren entstanden jedoch neue schwerere und kompliziertere Elemente als Wasser-

stoff und Helium. Sie wurden wiederum bei der nächsten Generation von Sternen als Baumaterial verwendet. Schließlich waren alle Elemente wie zum Beispiel Eisen, Silizium, Gold, Kupfer, Sauerstoff, Kohlenstoff und alle anderen vorhanden. Insgesamt kennt man heute 118 Elemente.

Androiden, aber auch Sie als Menschen, bestehen aus diesen Elementen, die in größeren und auch in ganz winzigen Mengen in unseren Körpern vorkommen.

Der Prozess der Ausdehnung des Weltalls, der Entstehung von neuen Sternen, Galaxien, Elementen, fester, gasförmiger und flüssiger Materialien dauert immer noch an."

Kurze Zusammenfassung

DAS NICHTS: Darüber kann nichts gesagt werden.

ERSTE SCHÖPFUNG: BIG BANG – URKNALL – ANFANG DES UNIVERSUMS Aufgrund einer plötzlich auftretenden Energie entsteht aus dem Nichts etwas.

ENERGIE UND STRAHLUNG: Ein Brei aus Trilliarden Grad heißer Strahlung bildet sich und dehnt sich wahnsinnig schnell aus, getrieben von der Energie des Urknalls.

ABKÜHLUNG: Je weiter sich die Strahlung ausdehnt, desto stärker kühlt sie ab. Dabei wird Energie zu Masse. Die kleinsten Teilchen der Materie, Quarks und Elektronen, entwickeln sich.

EINE ERSTE ORDNUNG: Das junge Universum dehnt sich schnell weiter aus. Die Teilchen verknüpfen sich zu vollständigen Atomen. Wasserstoff und Helium sind die ersten Atomsorten.

DUNKELHEIT: Durch die Ausdehnung wird es immer kühler. Die Strahlung wird dünner und dünner, verliert sich allmählich und es wird dunkler. Staub- und Gaswolken treiben durch den Raum.

ES WERDE LICHT! Die Schwerkraft bewirkt, dass sich die Staub- und Gaswolken zusammenballen und erste Sterne formen. In den ersten Sternengenerationen entstehen schwere Atome wie Gold oder Eisen. Wie bei allen Riesensternen ist auch ihre Lebensspanne kurz. Sie explodieren in gewaltigem Feuer und verstreuen ihre Bestandteile im All. Daraus entwickeln sich weitere Sternengenerationen. Dieser Prozess setzt sich fort bis in die Gegenwart. Alles Material, aus dem sich die Himmelskörper bilden, formte sich in den Brutöfen der Sterne. Das gilt auch für die Stoffe, aus denen wir Lebewesen und alle Pflanzen bestehen.

Das Ende der Welt

„Jetzt, da ich mir vorstellen kann, wie alles seinen Anfang genommen hat, würde mich interessieren, wie das Universum enden wird", merke ich an.

„Ja, eine spannende Frage", ergänzt Helen Hünten. Die anderen Sternenfreunde nicken zustimmend. „Vielleicht kann Herr XaphoX mit seinem Raumschiff auch in die Zukunft reisen und uns das demonstrieren."

„Warum wollen Sie unbedingt das Ende der Welt erleben, meine Herrschaften?", fragt der Reiseleiter. „Nebenbei bemerkt, ich kann es Ihnen auch nicht sagen, denn sogar in unserer androidischen Wissenschaft gibt es da nur die Modelle, die man auch bei Ihnen auf der Erde diskutiert."

„Und wie sehen die aus?"

„Es sind vor allen Dingen zwei Abläufe des Endes des Universums denkbar. In beiden spielt die Gravitation die entscheidende Rolle. Hier stelle ich Ihnen das erste Szenario dar":

Wenn genügend Materie im Universum vorhanden ist, wird letztlich wieder die Schwerkraft siegen. Die zurzeit von den Astronomen beobachtete Ausdehnung wird zum Stillstand kommen. Alle Galaxien, die sich bisher voneinander entfernt haben, werden in vielen Milliarden Jahren den Rückwärtsgang einlegen. Erst langsam, dann immer schneller wird alles wieder aufeinander zurasen.

Die Himmelskörper kommen sich näher und näher. Einige krachen schon mal zusammen, weil die Gravitation sie anzieht.

Irgendwann, in unendlich weiter Zukunft kommt es zum finalen Crash, zum Zusammenschluss aller Materie in einem Punkt. Möglicherweise ist dann auch wieder alle Materie in Energie umgewandelt und es kann zu einem neuen Big Bang kommen. Es könnte alles von vorne beginnen. Wie beim Ein- und Ausatmen eines riesigen Tiers würde sich das Universum also aufblähen und wieder zusammenziehen.

UNIVERSUMSTIER

„Und alles würde wieder so ablaufen, wie Sie es uns vorgeführt haben, Herr XaphoX?", fragt ein Sternenfreund.

„Sicher nicht, dafür spielt der Zufall eine viel zu große Rolle."

„Auf jeden Fall würde immer wieder eine neue Welt entstehen. Ein Universum würde dem anderen folgen, wieder in sich zusammenstürzen und dann erneut entstehen."

„Sie sprachen von zwei Modellen."

„Ja, hier das zweite:"

Wenn nicht genügend Materie im Universum ist, wird die Ausdehnung endlos weitergehen. Die Entfernungen zwischen den Galaxien werden größer und größer, denn die Schwerkraft schafft es nicht mehr, die Massen zusammenzuhalten. Ein Stern nach dem anderen erlischt, da sein Feuer verbraucht ist. Licht und Wärme würden sich im endlosen Raum verteilen. Es wird kälter und kälter und immer dunkler, bis schließlich in ungefähr 100 Milliarden Jahren alle Lichter ausgegangen sind. Die Welt ist noch da, aber dunkel, tot und leer. Dieses zweite Modell hält die Wissenschaft übrigens inzwischen für das zutreffende. Es ist wohl diese mysteriöse „dunkle Energie", von der wir vorher gesprochen haben, die das All ewig weiter ausdehnt.

Wenn nicht genügend Materie im Universum ist, wird die Ausdehnung endlos weitergehen. Die Entfernungen zwischen den Galaxien werden größer und größer, denn die Schwerkraft schafft es nicht mehr, die Massen zusammenzuhalten. Ein Stern nach dem anderen erlischt, da sein Feuer verbraucht ist. Licht und Wärme würden sich im endlosen Raum verteilen.

„Zum Glück werden wir weder das eine noch das andere Ende erleben", meint der Schriftsteller, „denn die Spezies Mensch wird es dann schon sehr lange nicht mehr geben. Stimmt doch, Herr Reiseleiter."

„Ja, denn in etwa fünf Milliarden Jahren wird Ihr Heimatstern, die Sonne, ihren Brennstoff verbraucht haben. Bevor sie als relativ kühler ‚weißer Zwerg' durch die Galaxie treibt, wird sie sich in einem letzten aufheizenden Feuer zuerst immer mehr aufblähen. Die äußeren Schalen des Sterns werden weit in den Raum geschleudert. Die nächsten Planeten wie der Merkur und die Venus werden schnell verbrennen. Auch die Erde wird glühend heiß werden. Die Steine werden schmelzen und Leben in keiner Form mehr möglich sein."

„Ein trauriges Schicksal", ruft ein Passagier, „aber bis dahin haben wir ja noch ein bisschen Zeit."

„Außerdem wird es der Menschheit gelungen sein, andere Lebenswelten für sich zu entdecken", gibt sich der Science-Fiction-Autor zuversichtlich. „Ich habe in meinem Buch *Letzte Ausfahrt Sirius* beschrieben, wie sich im Jahre 6012 die Raumkreuzer aufmachen, um unser Sonnensystem zu verlassen."

„Sie denken an eine galaktische Arche Noah?"

„Ja, so kann man sich das vorstellen. Wer kann schon wissen, was in 1.000 Menschengenerationen sein wird. Was sagen Sie dazu, Herr XaphoX?"

„Sie haben vollkommen recht, niemand kann die Zukunft voraussagen. Auch wir Androiden nicht. Dafür kann ich Sie auf der Hermes in Ihre Welt zurückbringen. Unsere Reise in die Vergangenheit ist beendet. Bitte lehnen Sie sich zurück, entspannen Sie sich. Wir werden den Hyperraum durchqueren und Sie können nun ein wenig schlafen."

„Sehe ich dich wieder, XaphoX?", frage ich.

XaphoX lächelt, zwinkert mir zu und sagt: „Ich sagte doch, nicht einmal wir Androiden können die Zukunft vorhersagen …"

Sechster Teil

Die Reise
eines Atoms

Die Reise eines Atoms

Vor etwa zehn Milliarden Jahren entstand im Inneren eines Sternes von der 20-fachen Masse der Sonne ein Kohlenstoffatom.

Unter hohem Druck und großer Hitze entstehen in den Sternen die unterschiedlichsten Elemente.

Das Leben des Sternenriesen war kurz und heftig und endete nach einigen Millionen Jahren in einer gewaltigen Explosion als Supernova. Er schleuderte sein Material Hunderte von Lichtjahre hinaus ins All. So schuf der Riesenstern die Grundlage für die Geburt neuer Himmelskörper. Auch das Kohlenstoffatom mit seinem Kern und den sechs um ihn kreisenden Elektronen war darunter. So trat es mit einer unvorstellbaren Vielzahl anderer kleinster Teilchen eine lange Reise an, von der einige Stationen erzählt werden sollen. Aber vorher noch ein kleiner Exkurs:

Woher kommt die Kraft,
die das Universum in Gang hält?

Die Kraft, die Galaxien und Sterne bewegt, die Elektronen ihre Bahn wechseln lässt, die Herdplatte zum Glühen bringt?

Die Physik kann die Energie messen, die PS-Zahl oder die Voltstärken. Wenn jemand sagt, heute bin ich gut drauf, steckt er voller Tatendrang. Er hat Energie zum Arbeiten, zum Denken, zum Spielen. Der Ball, den der Spieler auf den Elfmeterpunkt legt, dann anläuft und aufs Tor schießt, hat Energie vom Spieler übernommen. Wenn er ins Netz fliegt, beult er es aus, knallt gegen den Pfosten oder gibt auf andere Weise die Energie weiter, indem er abprallt. Der Stein, der ins Wasser geworfen wird, gibt seine Energie weiter und erzeugt Wellen auf der zuvor glatten Oberfläche.

Um ein gespanntes Seil in Schwingung zu versetzen, bedarf es ebenfalls einer Energie. Und je kürzer die Wellen sind, die das Seil dabei beschreiben soll, desto mehr Energie muss aufgewendet werden, sprich, desto schneller muss es auf und ab bewegt werden.

Energie hat unterschiedliche Formen, zum Beispiel mechanische, elektrische, chemische oder thermische Energie. Eine Form kann in die andere umgewandelt werden. Der Strom erwärmt die Herdplatte, die das Wasser zum Kochen bringt. Kohle oder Öl erzeugen im Verbrennungsprozess Wärme. Eine schwere Masse, die mit einer Kraft hochgehoben wird, besitzt eine potentielle Energie, die frei wird, wenn die Masse fällt und etwas zertrümmern kann. Schwere Atomkerne wie Uran setzen gewaltige Mengen an Energie bei der Spaltung frei. Grundsätzlich bleibt alle Energie bei der Umwandlung erhalten.

Um nicht zu speziell zu werden, sollen diese wenigen Beispiele an dieser Stelle genügen. Die Frage allerdings muss wiederholt werden: Woher kommt die ganze Energie in der Welt, in welcher Form auch immer?

Die Antwort lautet: Sie war von Anfang an da. Egal, in welcher Form und mit welcher Stärke wir sie erleben, ob als heiße Herdplatte, als Radio- oder Fernsehwelle, als Sonnenstrahl, ja auch als Materie, denn in der ist Energie nach der Formel Einsteins eingefroren. Das bedeutet: Es geht nichts verloren, es gibt höchstens Umwandlungen in andere Zustände der Energie. Wir erleben es ständig, wenn wir Energie in Form von Nahrung aufnehmen und damit Kraft tanken für ein Fußballspiel.

Die Energie, die die Welt bewegt und auch unser Kohlenstoffatom formte, entstand vor etwa 14 Milliarden Jahren. Warum? Das kann die Physik noch nicht erklären. Die Naturgesetze beschreiben erst nach der Entstehung, wie alle Prozesse abzulaufen haben. Der Anfang bleibt rätselhaft, besser gesagt der Anfang vor dem Anfang.

Nichts geht im Universum verloren, weder Energie noch Materie.

Zusammengefasst: Nichts geht im Universum verloren, weder Energie noch Materie. Laut Einsteins Formel $E = mc^2$ wird eines ins andere umgewandelt. In diesem Falle entstand das Kohlenstoffatom im Druck und der Hitze des Sterns. Nach dessen Tod wird dieses Atom sich anderen Aufgaben zuwenden.

Unendliche Räume

Der Sternstaub trieb nach der Explosion durch das All. Darunter auch besagtes Kohlenstoffatom. Wo mag es im Laufe der Zeit überallhin getrieben worden sein? Vielleicht ist die Reisegruppe des Androiden XaphoX ihm sogar schon begegnet, als sie mit der Hermes durch eine Gaswolke fuhr? Welche weiteren Sternengenerationen mag das Atom erlebt haben, als es die Schwerkraft zusammen mit zahllosen anderen Teilchen zu neuen Gestirnen zusammenballte und sie für lange Zeiträume aneinandergekettet waren?

Doch eines Tages brach die Zeit an, in der die Irrfahrt des Winzlings ein vorläufiges Ende fand. Das Atom war in einem neu entstehenden Sonnensystem in einer Ecke der Milchstraße angekommen. Mit der rasenden Fahrt eines Asteroiden, eines verirrten Nomaden aus dem Pferdekopfnebel im Orionarm war das Kohlenstoffatom vor etwa fünf Milliarden Jahren in den Anziehungsbereich einer neuen gelben Sonne eingedrungen. Eine lange Zeit drehte es sich mit einer Staubscheibe um den Stern und wurde dann von einem Himmelskörper eingefangen, der eben in den Geburtswehen lag.

 ## Das Kohlenstoffatom ist auf der Erde gelandet

Der atomare Zwerg war auf der Urerde angekommen. Auf ihr spielten sich wilde Prozesse ab mit gewaltigen Crashs, ungeheuren Vulkanausbrüchen und jahrtausendelangen Regenstürzen.

Das Kohlenstoffatom machte die Entwicklung der Erde und auch die Entstehung des Lebens mit. Es lagerte in den Anfangszeiten im Erdinneren, wurde nach einigen Millionen Jahren zusammen mit den giftigen Dämpfen eines Vulkans hinausgeschleudert. Durch die Kraft dieses Ausbruchs wurde es in der heißen Wolke um die junge

Erde geblasen. Beinahe wäre es auf ewig wieder im All verschwunden, doch die Schwerkraft des Planeten fing das Atom wieder ein und zwang es zurück zur Oberfläche. Seine Reise setzte sich in den verschiedensten einzelligen, später mehrzelligen und immer komplizierter aufgebauten Lebensformen fort.

Natürlich reist so ein Kohlenstoffatom nicht allein, sondern mit einer schier unendlichen Vielzahl von Artgenossen und anderen Atomen wie zum Beispiel mit Silizium- oder Kalzium, mit denen es sich auch immer wieder zu bestimmten Stoffen wie zum Beispiel zu Kalk verbindet.

Kohlenstoff ist ein vielseitiges Element: Es kann ohne große Probleme, das heißt ohne großen Verlust an Energie, lange, stabile Ketten bilden, die zu allem irdischen Leben gehören. Von allen chemischen Elementen ist es am vielfältigsten. Es kommt in vielen Formen und Verbindungen mit anderen Elementen sowohl in der unbelebten Materie (Diamant, Marmor, Kreide usw.), im fossilen Brennstoff wie Erdöl als auch in allen Lebewesen vor.

Nehmen wir Herz, Lunge, Hand, Hirn, Knochen, unsere Nahrung, Stoffwechsel, Atem und sonstige Ausscheidungen – Kohlenstoffverbindungen werden stets in den Stoffen sein, aus denen wir bestehen.

Das beschriebene Atom fand sich vor rund 30.000 Jahren im harten Holz eines Wacholders in einem Gebiet wieder, das heute Südfrankreich genannt wird. Einige Tausend Jahre lagerte es dort, ehe ein Waldbrand die Gegend heimsuchte. Verkohltes Buschwerk blieb übrig. Eines Tages zog eine größere Gruppe Menschen vorbei. Sie richteten an einer Felswand, wo ein Bach floss und sich nach den Verwüstungen des Brandes wieder frisches Grün ausbreitete, ein Lager ein. Es handelte sich bei diesen Wanderern um Homo sapiens, die modernen Menschen, die sich auf ihrem Zug nach Norden auf der Suche nach guten Jagdgründen befanden.

> Etliche Generationen vorher waren die Vorfahren dieser Menschen auf die Neandertaler getroffen.

Das verschmorte Buschwerk diente als Grundstoff zur Herstellung von Farbe. Die Menschen hatten bereits gelernt, Farben aus Wasser, Kalk, gelbbrauner und rötlicher Erde, zermahlenen Knochen, Horn und Holzkohle zu mischen. Mit den Fingerspitzen oder Pinseln aus Tierhaar trugen sie ihre Zeichnungen auf Höhlenwände auf. Die Felsmalereien zeigten Darstellungen von Pferden, Wildrindern, Hirschen und anderen Tieren. So wurde von diesen frühen Künstlern in der Steinzeit die Erfolge der Jagd dokumentiert und zugleich weitere reiche Beute damit beschworen.

Das Kohlenstoffatom befand sich in Verbindung mit Milliarden anderen in einer dieser Zeichnungen. Die Urmenschen verschwanden, die Höhle geriet in Vergessenheit, bis ein Felssturz sie schließlich freilegte und die Witterung die Wand mit den Zeichnungen zerbröckeln ließ. Das Kohlenstoffatom wurde aus dem Verbund mit anderen gelöst und ein Sturm trug es über Gebirge und Meer davon. Nach einigen weiteren Tausend Jahren der Irrfahrt kam es in Verbindung mit einem Kalziumatom und drei Sauerstoffatomen an einem Küstenfelsen in der Nähe der griechischen Stadt Abdera an.

Man schreibt das vierte vorchristliche Jahrhundert. In Abdera lebte und lehrte Demokrit (460–371 v. Chr.), Schüler des Leukippos. Demokrit heißt es, war der letzte griechische Naturphilosoph der Antike.

Die Naturphilosophie wurde im antiken Griechenland begründet. Man machte sich zunehmend Gedanken über das Wesen der Natur. Wie ist sie entstanden? Wie lässt sich ihr Wesen beschreiben? Was ist das Prinzip ihres Wirkens und woher kommt sie? Was treibt das Leben an? Woraus setzen sich die Dinge zusammen? Das sind einige der Fragen, mit denen sich die Menschen in jener Zeit herumschlugen.

Die Naturphilosophie wurde im antiken Griechenland begründet. das Wesen der Natur. Wie ist sie entstanden? Wie lässt sich ihr Wesen beschreiben? Was ist das Prinzip ihres Wirkens und woher kommt sie? Was treibt das Leben an? Woraus setzen sich die Dinge zusammen? Das sind einige der Fragen, mit denen sich die Menschen in jener Zeit herumschlugen.

Das Wesen der Natur

Der Philosoph geht mit seinen Schülern Philipos und Demostenes in einem Olivenhain nahe Abdera auf und ab. Im Hintergrund sind die Felsen der ägäischen Küste zu sehen. Wie es in den Philosophieschulen des antiken Griechenland üblich ist, besteht der Unterricht aus einem Frage- und Antwortspiel.

„Sage uns, Demokrit, was ist das Wesen der Natur? Kann man es überhaupt ergründen?", will Philipos wissen.

„Die gesamte Natur ist aus kleinsten Einheiten zusammengesetzt", erwidert Demokrit.

„Ihr meint, diese Olivenbäume, die Steine des Tempels, die Felsen dort, all das besteht aus einzelnen Bausteinen?", fragt Demostenes.

„Ja, so ist es", sagt der Philosoph. „Alle Materie und auch alle Lebewesen bestehen aus Atomen."

„Was ist das?", fragt Philipos. „Kann man sie sehen?"

„Atome sind so klein, dass wir sie uns nur schwer vorstellen können. Sie sind unsichtbar und doch vorhanden", erklärt Demokrit. „Stellt sie euch vor wie kleine Steinchen oder Klumpen, welche die

unterschiedlichsten Formen haben können. Sie können wie Kügelchen sein, rund, glatt aber auch unregelmäßig und krumm."

„Also sind sie nicht alle gleich?"

„Nein, Demostenes. Sie sind alle fest und in ihrer Winzigkeit massiv. Dennoch haben sie unterschiedliche Formen."

„Und kein Messer, kein Schwert, keine Axt kann sie weiter zerteilen?" Philipos macht ein ungläubiges Gesicht.

„Nein, denn diese kleinsten Einheiten sind unteilbar."

„Warum sind sie unterschiedlich?"

„So wie es unendlich viele Formen in der Natur gibt, so existieren unendlich viele Formen der kleinsten Bausteine."

„Alles hängt von der Art der Atome ab?", fragt Demostenes nachdenklich.

„Das kann man so sagen", entgegnet der Philosoph. „Atome gibt es in unendlicher Zahl. Die einen bilden das Wasser, die anderen Bäume, Frösche oder uns Menschen."

„So sind die Bausteine des Falken, der hoch über uns kreist, andere als die des Bodens zu unseren Füßen?"

„Ja, Philipos. Aber wie ich schon sagte, im Lebewesen selbst, im Flügel des Falken und in seinen Augen sowie auch in der toten Materie um uns herum sind ganz unterschiedliche Atome. Doch Gleiches gesellt sie stets zu Gleichem. So finden die Atome des Baumholzes oder des Quellwassers stets zueinander und verbinden sich."

„Und wenn sie auseinandergerissen werden?", will Demostenes wissen. „Wenn das Holz brennt und alles sich in Rauch auflöst, was geschieht dann mit den Bausteinen des Holzes?"

„Sie fliegen im Feuer auseinander", antwortet der Philosoph. „Doch nach einer gewissen Zeit werden sie wieder zueinander kom-

Der lachende Philosoph

Demokrit wurde von den Bürgern Abderas wegen seiner stets heiteren und gelassenen Gemütsverfassung der „lachende Philosoph" genannt. Einer seiner Aussprüche lautet: „Ich möchte lieber ein einziges Naturgesetz finden als König von Persien sein!"

men wie die Menschen zu einer Versammlung auf dem Marktplatz. Die Atome vergehen nicht, sondern treffen an anderem Orte wieder zusammen, um Neues zu schaffen. Das ist ihre Bestimmung. Sämtliche Erscheinungen der Welt gehen aus ihnen hervor."

„Der Mensch ist ein Kosmos im Kleinen." Demokrit

„Es ist demnach ein ewiger Kreislauf der Natur im Gange?"

„Ja, alles trennt sich und kehrt wieder, meine Schüler. Wolken ballen sich zusammen, Regen fällt nieder, das Wasser verdunstet und steigt wieder hinauf, um sich erneut zusammenzufinden. Nach dem Tode werden sich die Atome, aus denen unsere Körper bestehen, trennen, um sich später in anderen Gesellschaften erneut zu Lebewesen zu formen. Das ist der vorbestimmte Lauf der Dinge. Doch nun, meine Schüler, wollen wir den Unterricht für heute beenden. Morgen treffen wir hier an gleicher Stelle wieder zusammen."

Was wurde aus Demokrits Atomtheorie?

Vieles, was der griechische Naturphilosoph in seinen Lehrstunden vor 2.500 Jahren verkündete, wurde sehr viel später als richtig erkannt und bewiesen.

Demokrits Zeitgenossen hingegen lehnten seine Theorie scharf ab. Sie sahen die Welt als etwas Göttliches, Ewiges und Festgefügtes, in der umherirrende Kleinstteilchen keinen Platz hatten.

Empedokles (um 494–434 v. Chr.), der philosophische Gegenspieler Demokrits, stellte die Vier-Elemente-Lehre auf, wonach sich alles auf Feuer, Erde, Luft und Wasser begründet. Demokrits Atomtheorie war über 2.000 Jahre lang gründlich vergessen worden.

Der Felsen an der Küste von Abdera, auf dem das Atom des Elements Kohlenstoff in Gesellschaft anderer Atome zu jener Zeit lagerte, brach bei einem Erdbeben noch zu Lebenszeiten Demokrits ab. Das Gestein verwitterte in den folgenden Jahrhunderten zu trockener Erde. Irgendwann spülte eine Überschwemmung Teile der Küste ins Meer.

Mit den Strömungen setzte das Atom seine Reise fort, folgte viele Male dem Kreislauf von Verdunsten und Abregnen. Es trieb in den Wolken über Wüsten und Urwäldern, über Eisflächen und Gebirgen dahin. Die Städte wuchsen, das Römische Reich zerfiel, neue mächtige Stämme in Europa entstanden und große Kriege brachen aus.

Porzellan statt Gold

Noch ist das Kohlenstoffatom nicht in der Gegenwart angelangt. Seine Reise hatte noch viele Stationen: Es kochte im Mittelalter in dunklen verrauchten Kellerlaboren in den Schmelztiegeln der Alchemisten. Sie mischten und erfanden geheimnisvolle Stoffe und galten beim Volk als Verbündete der dunklen Mächte.

 Die Alchemie, entstanden im 2./3. Jahrhundert in Ägypten, galt allgemein als die wissenschaftliche Beschäftigung mit chemischen Stoffen. Vom Mittelalter bis in die Neuzeit hinein galt die Alchemie als „geheime Kunst". Die Alchemisten versuchten, Gold zu machen, den „Stein der Weisen" zu finden sowie lebensverlängernde Mittel herzustellen.

Der Apothekerlehrling Johann Friedrich Böttger hantierte 1696 und in den späteren Jahren nachts heimlich im Dresdner Kellerlabor seines Ausbilders. Wie manch andere in jenen Zeiten war er ganz versessen darauf, „unedle" Metalle in Gold umzuwandeln. Die Landesfürsten der damaligen Zeit interessierten sich deshalb sehr für die

Alchemie. Könnten sie doch so endlich ihre Staatsfinanzen aufbessern. Böttger fand allerdings kein Gold, sondern Porzellan. Bei seinen Experimenten hatte er mehr oder weniger zufällig in seinen Tiegeln Schwefel, Kalisalpeter und Kohlenstoff im passenden Verhältnis gemischt. Es entstanden Keramikmischungen, aus denen später, als man die Brennofentechnik verfeinerte, weißes Porzellan wurde. Das Kohlenstoffatom war einige Jahrhunderte eingeschlossen, bis es sich erneut auf den Weg machte.

Böttger, 1682 in Schleiz geboren, 1719 in Dresden an den Folgen eines giftigen Experiments gestorben,

saß zum Zeitpunkt der Porzellanherstellung in Haft, wo man ihm auf Weisung August des Starken ein Labor eingerichtet hatte. Er war 1701 bei einer öffentlichen Demonstration, bei der er angeblich silberne Münzen in goldene umwandelte, ins Visier der Obrigkeit geraten. Es wurde ein Kopfgeld auf ihn ausgesetzt und er versuchte zu fliehen. Dennoch geriet er in Arrest. Er blieb bis 1714 eingesperrt. Sein Ruf als herausragender Wissenschaftler nahm aber keinen Schaden. Kaum entlassen, übernahm er 1710 sogar die Leitung der Porzellanmanufaktur Meißen.

In die Wand seiner Arrestzelle ritzte Böttger den Satz „Gott hat es gefallen, aus einem Goldmacher einen Töpfer zu machen".

Kreislauf

Das Kohlenstoffatom klammerte sich an zwei Sauerstoffatome, die es unterwegs traf, und führte in gasförmigem Zustand, als Kohlendioxid, seinen Weg fort.

Die chemische Formel für Kohlendioxid lautet CO_2. Das bedeutet, ein Kohlenstoffatom hat sich mit zwei Sauerstoffatomen zusammengetan. In geringer Konzentration ist dieses Gas in unserer Atemluft unschädlich. Ab einem Anteil von sechs Prozent Kohlendioxid in der Luft wird es aber gefährlich für den Menschen. Er kann bewusstlos werden und bei noch höherer Konzentration sogar sterben.

Das Gas entsteht auch bei Verbrennung von fossilen Brennstoffen wie Öl, Kohle oder Erdgas. Es sammelt sich in der Atmosphäre und kann bei großen Mengen zum Treibhauseffekt führen.

Der Wind trieb das gebundene Atom eines Tages an einem Weinstock in Burgund vorbei. Die Pflanzen atmeten es über ihre Blätter ein und so begann ein neuer Kreislauf. In der engen Verbindung mit seinen beiden Sauerstoffgefährten nahm das Kohlenstoffatom an der Fotosynthese teil.

Fotosynthese

Pflanzen gewinnen Energie, indem sie mithilfe von Licht und Wasser Kohlendioxid in Zucker und Sauerstoff umwandeln. Der Zucker ist ihre Nahrung, mit der sie sich neue Energie zuführen, um zu wachsen. Mit dem Sauerstoff dagegen können sie nichts anfangen und geben ihn an die Atmosphäre ab. Wir Menschen und fast alle Tiere profitieren davon, weil wir den Sauerstoff zum Atmen brauchen.

So sorgen die Pflanzen für Gleichgewicht in der Luft: Sie verhindern, dass die CO_2-Konzentration zu groß und dadurch gefährlich wird. Wenn das Gleichgewicht gestört ist und mehr Kohlendioxid in die Atmosphäre gelangt, als ihr entzogen wird, kommt es zum Treibhauseffekt.

Pflanzen gewinnen Energie, indem sie mithilfe von Licht und Wasser Kohlendioxid in Zucker und Sauerstoff umwandeln

Wie klein ist klein?

Wenn Zahlen eine gewisse Größe übersteigen, kann man nichts mehr mit ihnen anfangen. Es gibt Größenordnungen, die außerhalb unserer Vorstellungskraft liegen. Konnten wir uns die schiere Unendlichkeit des Universums vorstellen? Nicht wirklich, wenn wir ehrlich sind.

Dasselbe gilt für das Winzige. Was sagt uns ein Millionstel Milliardstel Meter (10^{-15})? Das etwa ist die Kerngröße des Kohlenstoffatoms. Darin sind noch kleinere Teilchen enthalten, die Quarks, die überhaupt keine Größe mehr haben, die man irgendwie messen könnte. Würde man seinen Atomkern auf den Umfang eines Tischtennisballs vergrößern, dann würden in ungefähr drei bis vier Kilometern Entfernung die Elektronen kreisen. Würden wir zum Beispiel eine Murmel von einem Zentimeter Durchmesser im gleichen Verhältnis aufpumpen, dann wäre sie so groß wie die gesamte Umlaufbahn der Erde um die Sonne.

Der berühmte Physiker William Thomson (1824 – 1907), meist als LORD KELVIN bekannt, machte ein Gedankenexperiment, um Kleinheit und Vielzahl von Atomen zu demonstrieren:
Man markiere alle in einem normalen Glas Wasser enthaltenen Wassermoleküle (das sind zwei Wasserstoffatome und ein Sauerstoffatom) mit Farbe. Anschließend schütte man das Glas ins Meer und rühre mit einem Riesenlöffel gründlich um, bis alle Moleküle verteilt sind. Würde man dann aus irgendeiner Region der Weltmeere wieder ein Glas mit Wasser füllen, wären darin hundert der zuvor markierten Moleküle vorhanden.

Der Rotwein und das Nichts

Das Kohlenstoffatom nahm in jenem burgundischen Weinstock am Reifeprozess der Trauben teil. Im Herbst wurde der Wein gekeltert und in die Fässer gefüllt. Nach vielen Jahren der Lagerung in den Kellern eines Weingutes bei Dijon wurde ein edler Rotwein abgefüllt. Das Kohlenstoffatom befand sich in einer Flasche, die nach England exportiert wurde. Eines Tages öffnete sie ein gewisser John Dalton (1766–1844) und schlürfte dann genüsslich ein Glas burgundischen Rotwein. Diesem englischen Chemiker gelang es zum ersten Mal, eine wissenschaftliche Theorie der Atome aufzustellen. Daraus entwickelten andere Chemiker das Periodensystem, das in mehr oder weniger anschaulicher Form in den Chemiesälen der Schulen hängt.

Periodensystem

Diese systematische Anordnung der chemischen Elemente wurde erstmals im Jahr 1869 von den Chemikern Julius Lothar Meyer (1830–1895) und Dmitri Iwanowitsch Mendelejew (1834–1907) aufgestellt:

Jedes Atom besteht aus einem Kern und einer Elektronenhülle. Wenn die Anzahl der im Kern enthaltenen Protonen gleich der Elektronenzahl ist, ist das Atom in einem „elektrisch neutralen Zustand". Die einander entgegengesetzten elektrischen Ladungen von Proton und Elektron sind gleich groß. Das Periodensystem bezieht sich nur auf Atome in diesem neutralen Zustand. Es werden dann entsprechend diesem System sogenannte Ordnungszahlen zugeordnet, welche der Anzahl der Protonen bzw. Elektronen entsprechen. So hat der Wasserstoff zum Beispiel die Ordnungszahl 1 (ein Proton, ein Elektron) und der Kohlenstoff die Ordnungszahl 6 (sechs Protonen, sechs Elektronen).

Das Periodensystem umfasst 118 bisher entdeckte Elemente. Es gibt demnach nicht, wie Demokrit es sich vorgestellt hatte, eine unendliche Vielzahl von Atomsorten.

Das Periodensystem umfasst 118 bisher entdeckte Elemente. Es gibt demnach nicht, wie Demokrit es sich vorgestellt hatte, eine unendliche Vielzahl von Atomsorten.

Aber was wusste der Chemiker Dalton damals wirklich von der Materie, mit deren kleinsten Teilchen er sich beschäftigte? Wusste er, dass sein Rotwein in erster Linie aus nichts besteht? Und auch der Tisch, auf dem das Glas stand … Nur Wellen und Schwingung?

Eine kühne Behauptung? Oder gar dummes Zeug? Er konnte den Wein doch trinken und schmecken, wurde sogar ein bisschen beschwipst davon. Konnte das vom Nichts kommen? Stand sein Rotweinglas nicht auf einer Tischplatte? Das war kein Nichts, sondern feste Materie.

In Daltons Theorie und auch schon beim altgriechischen Naturphilosophen Demokrit waren Atome so etwas Ähnliches wie kleine Kugeln. Irgendwie zogen sie einander an. Dass die kleinsten Materieteilchen vorwiegend aus leerem Raum bestanden, war noch nicht bekannt.

> Atome sind entfernt dem Sonnensystem vergleichbar. Um den Kern kreisen im Verhältnis gesehen in riesigen Abständen die Elektronen wie Planeten; allerdings mit dem Unterschied, dass sie ihre Bahnen wechseln; aber dazwischen befindet sich nichts als leerer Raum.

Atome kann man nur mit den stärksten Mikroskopen sehen. Man kann sie nachweisen, ihre Spuren verfolgen, wenn man sie zerbricht.

Zerbrechen? Geht das überhaupt? Im Grunde eine einfache Sache. Man lässt die Atome oder genauer gesagt ihre Kerne aufeinanderprallen und sie platzen auf wie Walnüsse. Die einzelnen Teile würden durch die Gegend fliegen. Je gewaltiger der Crash wäre, desto mehr Einzelteile könnte man hinterher untersuchen. Leicht vorstellbar, nur beim Atomkern wirken dem sehr starke Bindungskräfte entgegen. Man braucht sehr viel Energie, um ihn auseinanderzubrechen und die Einzelteile, die Protonen, und wiederum deren Bestandteile, die Quarks, herauszubrechen.

2008 wurde im CERN (dem wichtigsten europäischen Kernforschungszentrum) der LHC (Large Hadron Collider) nach jahrelanger Bauzeit fertiggestellt: die größte und teuerste Maschine der Welt. Beim LHC handelt es sich um eine „Atomzertrümmerungsmaschine". In einem 27 Kilometer langen Speicherring tief unter der Schweizer Stadt Genf werden mit ungeheurer Wucht Teile der Atomkerne, Protonen, aufeinandergeschossen. Mithilfe großer Magnete wurden die Teilchen auf entgegengesetzten Bahnen fast auf Lichtgeschwindigkeit beschleunigt. Beim Zusammenprall der Protonen wurde es 100-mal heißer als im Zentrum der Sonne. Was im Augenblick der Kollision geschieht, kann gemessen werden.

Was geschah beim Urknall?

Die Wissenschaftler erwarten sich von diesem Experiment die Beantwortung der Frage, was genau beim Urknall vor 13,7 Milliarden Jahren geschehen ist. Gibt es bisher unbekannte Materieteilchen, die dafür sorgen, dass Atome eine Masse haben? Gibt es die „dunkle Materie", die im Weltall vermutet wird? Und warum hat die Antimaterie nicht alles sofort vernichtet, bevor überhaupt etwas entstanden ist? Denn nach der bisherigen Theorie hätte beim Big Bang gleich viel Materie und Antimaterie entstehen müssen.

„Die Frage ist letztlich", sagte der Münchner Physikprofessor Siegfried Bethke im August 2008 vor dem ersten Start des LHC, „warum wir überhaupt da sind … Eigentlich dürfte es uns gar nicht geben. Das ist doch Grund genug, um mal nachzuforschen."

Ein Defekt an den Magneten setzte den LHC über ein Jahr lang außer Gefecht. Erste Probeläufe konnten im November 2009 wieder aufgenommen werden. CERN-Sprecher James Gillies feierte in einer Pressekonferenz die Inbetriebnahme des LHC als „Meilenstein" auf dem Weg zu ersten Experimenten.

Verwandlungen

Kann man überhaupt von einem einzelnen Kohlenstoffatom sprechen?
Kohlenstoff geht mit fast allen anderen Elementen Verbindungen ein.

> Die Flexibilität des Kohlenstoffs hängt mit seiner Elektronenkonfigura-
> tion, wie es in der Fachsprache heißt, zusammen. Das bedeutet eine beson-
> dere Verteilung der Elektronen in der Hülle des Atomkerns und der damit
> verbundenen Energiezustände. Beides ist der Grund dafür, dass Kohlen-
> stoffverbindungen die molekulare Basis allen irdischen Lebens sind.

So erlebt das Kohlenstoffatom auf seiner Reise meist zusammen mit
anderen Gefährten zahlreiche Verwandlungen. Wenn es nicht in stabile Stoffe wie zum Beispiel Diamant eingeschlossen ist und dort
vielleicht Millionen Jahre verbringt, bevor der Stein zerbröselt und es
wieder freigesetzt wird, taucht es immer wieder aufs Neue in unserer
Welt auf. Von der Weinrebe und dem Wein war die Rede, es könnte
auch die Lunge eines Falken sein, der es mit dem Sauerstoff einge-
atmet hat. Möglich wäre auch, dass das Kohlenstoffatom in das Auge
eines Insekts geraten ist oder ins Gedärm einer Raupe, in das Herz
eines Königs oder in die Locke einer Filmdiva. Wie viele Geschichten könnte man sich ausdenken, um den Weg eines einzelnen Atoms
in dieser Welt zu beschreiben … Und für eine davon ist noch etwas
Platz:

Unsterblichkeit

An einem Sommertag vor nicht allzu langer Zeit war das Kohlenstoffatom im Magen eines Tagpfauenauges gelandet. Dieser wunderbare,
rostrot gefärbte, mit vier schwarz, blau und gelb gefärbten Augenfle-

cken verzierte Schmetterling hatte am Mittag seine Leibspeise, die Brennnessel genossen und über diese Pflanze begann eine neue Etappe auf der Reise des Atoms. Es nahm im Verdauungstrakt des Schmetterlings am leichten, schaukelnden Tanz des Tieres in den Gärten und Parks der Stadt teil. Stets war es dabei auf der Hut vor Fressfeinden, die im Schatten der Äste lauerten. Mehrfach hatte er sich bereits, als Gefahr von jagenden Schwalben drohte, in ein Gesträuch geflüchtet. Blitzschnell löste er seinen Abschreckungsmechanismus aus, klappte ruckartig die Flügel auf und zu, um die Vögel mit den vier großen Augenzeichnungen zu verjagen.

Doch dann passierte es doch: Eine Amsel schoss aus dem Baumschatten und erwischte den Schmetterling. Sie zerhackte den leichten, luftigen Körper im Nu. Die Reste vermischten sich am Boden mit Laub und Gräsern. Aus dem schönen Tagpfauenauge war ein unansehnliches Etwas geworden, über das sich die Maden hermachten. Danach taten einzellige Mikroorganismen im Boden ihr Werk, bis vom einst wunderschönen Falter nichts mehr übrig blieb.

Jeder Schmetterling zerfällt irgendwann und überhaupt jedes Insekt, alle Tiere und auch der Mensch lösen sich nach ihrem Tode auf. Im Gegensatz zu allen sterblichen Lebewesen bleibt das Atom aber auf der Welt. Es ist vorstellbar, sogar wahrscheinlich, dass genau das Kohlenstoffatom vom Schmetterling in die Made und dann in einen der Milliarden Mikroorganismen gelangt, welche als Totengräber arbeiten und Leichen zu fruchtbarem Humus verarbeiten.

Ist diese Arbeit getan, fliegt das Kohlenstoffatom, eingebunden in eine Kette von anderen, wieder davon. In neuen chemischen Verbindungen wird es wieder am Kreislauf des Lebens teilnehmen.

Grundkräfte der Natur

Viele Physiker haben sich mit den geheimnisvollen Vorgängen in der Mikrowelt befasst. Die Naturkräfte, die nicht nur in den riesigen Weiten des Kosmos wirken, sondern auch in den kleinsten Bausteinen der Materie, werden seit Beginn des 20. Jahrhunderts untersucht. Dabei haben sich vier Grundkräfte der Physik herauskristallisiert.

Die **starke Kraft** sorgt dafür, dass die Elementarteilchen in den Atomkernen, die Quarks, nicht auseinanderfliegen. Bewirkt wird das durch sogenannte Überträgerteilchen, die Gluonen (vom englischen „glue", das bedeutet „Leim"). Sie sind der Klebstoff der Atomkerne.

Die **elektromagnetische Kraft** ist verantwortlich für viele Alltagsphänomene wie Licht, Elektrizität und Magnetismus. Sie tritt immer dann auf, wenn elektrische Ladungen im Spiel sind. Dabei ziehen sich positiv und negativ geladene Teilchen an, während gleich geladene Teilchen einander abstoßen.

Der **schwachen Kraft** sind sämtliche Materieteilchen ausgesetzt, auch wenn sie weder auf die starke Kernkraft noch auf die elektromagnetische Kraft reagieren. Die schwache Kraft bewirkt bestimmte radioaktive Zerfallsprozesse. Dabei entstehen neue Atomkerne und chemische Elemente. Bei diesem Zerfall wird Energie (Radioaktivität) abgegeben.

Mit **Gravitation** oder **Schwerkraft** kommen wir am direktesten in Berührung. Sie zieht alle Teilchen, die eine Masse haben, an. Sie sorgt dafür, dass wir auf dem Boden bleiben und nicht in den Raum entschweben. Vermutet wird, dass die Schwerkraft durch „Gravitonen" übertragen wird. Bisher konnte man diese Übertragungsteilchen aber noch nicht nachweisen oder messen.

Eine noch unbekannte fünfte Naturkraft, die vorläufig **„dunkle Ener-gie"** heißt, wird von der Physik vermutet. Sie soll dafür verantwortlich sein, dass sich das Weltall beschleunigt ausdehnt.

Die Teilchenphysiker, wie die Wissenschaftler des Mikrokosmos genannt werden, stießen auf manche Rätsel, denn wahrhaft seltsame Dinge spielen sich in dieser geheimnisvollen Welt des Kleinsten ab. Manches kann mit den bisher bekannten Naturgesetzen nicht erklärt werden. Warum zum Beispiel hüpfen die um den Kern kreisenden Elektronen scheinbar grundlos und ohne dass messbare Zeit vergeht von einer Umlaufbahn auf die nächste?

Quantensprünge

Für solche Übergänge im Bereich der Atome wurde der Begriff „Quantensprung" geprägt. Auch außerhalb der Physik ist in der Alltagssprache oft von „Quantensprüngen" die Rede. Gemeint ist damit ein großer oder ungewöhnlicher Fortschritt in einem bestimmten Bereich, etwa bei einem beruflichen oder sportlichen Ereignis.

Mit der Quantenmechanik oder Quantentheorie wurde eine mathematisch-physikalische Theorie entwickelt, die sich mit den Eigenschaften von Licht und den kleinsten Bausteinen der Materie befasst. Es wurde untersucht, wie Strahlung und Atome aufeinander einwirken, wie sie „wechselwirken", wie es in der Fachsprache heißt. Zahlreiche technische Errungenschaften wie Laser, Digitalkameras, Röntgenapparate und vor allem Computer sind letztlich Produkte der Forschungsergebnisse auf dem Gebiet der Quantenmechanik.

Kleine Auswahl bedeutender Teilchenphysiker

Joseph J. Thomson (1856–1940) erfand den Namen „Elektronen", als er die sogenannte Kathodenstrahlung entdeckte. Mit ihr wird zum Beispiel das Fernsehbild erzeugt, indem die Bildröhre Elektronen beschleunigt und gegen die Mattscheibe schießt, die für uns die Bewegung simuliert. Elektronen sind elementare Teilchen, viel kleiner als die Atomkerne und nebenbei bemerkt: Der elektrische Strom ist nichts anderes als der Fluss, die Bewegung der Elektronen.

Ernest Rutherford (1871–1937) machte im Jahre 1911 eine bahnbrechende Entdeckung für die moderne Atomphysik, als er bei seinen Versuchen auf die Atomkerne stieß. Diese bestehen aus Neutronen und Protonen, die wiederum aus noch kleineren Teilchen, den Quarks, zusammengesetzt sind.

Max Planck (1858–1947) ist einer der wichtigsten Begründer der modernen Physik. Er schuf die Quantentheorie. Sie beschreibt das Verhalten der kleinsten Teilchen. Danach geben sie Strahlungsenergie nicht in gleichmäßigem Strom, sondern immer nur in bestimmten Portionen (Quanten) ab. Die Portionen nennt man heute Photonen oder Lichtteilchen. Sie bewegen sich ihr ganzes Leben lang mit Lichtgeschwindigkeit. Sie haben keinerlei Masse: Man kann sie zwar berechnen, aber es ist fast unmöglich, sie sich vorzustellen.

Otto Hahn (1879–1968) gilt als „Vater der Kernchemie". Ihm gelang 1938 in Zusammenarbeit mit seinem Assistenten Fritz Straßmann (1902–1980) in seinem Berliner Labor die erste Spaltung von Uranatomen. 1944 erhielt Hahn den Nobelpreis für Chemie für die, wie es in der Begründung hieß, „Entdeckung der Spaltung schwerer

(Uran-)Atomkerne als Grundlage für die spätere friedliche Nutzung der Nuklearenergie".

Lise Meitner (1878–1968) war Otto Hahns langjährige Mitarbeiterin in Berlin. 1934 musste die österreichisch-schwedische Physikerin Deutschland wegen ihres jüdischen Glaubens verlassen. Hahn berichtete ihr jedoch von den Forschungsergebnissen. Als er und Straßmann die Ergebnisse ihrer Experimente noch nicht deuten konnten, lieferte Lise Meitner zusammen mit ihrem Neffen, dem Physiker Otto Frisch (1904–1979), die physikalisch-theoretische Erklärung der Kernspaltung. Es gab in der Fachwelt etliche Stimmen, die sich dafür einsetzten, auch Lise Meitner mit dem Nobelpreis für ihre herausragenden Leistungen auszuzeichnen.

Werner Heisenberg (1901–1976) entdeckte, dass in der Welt des Kleinsten andere physikalische Gesetze gelten. So kann zum Beispiel nicht genau gemessen werden, an welchem Ort sich ein Elektron zu einer bestimmten Zeit befindet und welchen Impuls (das Produkt aus Masse mal Geschwindigkeit des Teilchens) es dann besitzt. Das steht im Gegensatz zu den Prinzipien der klassischen Physik. In der Wissenschaft wird dieser Effekt als die „Heisenbergsche Unschärferelation" bezeichnet. 1932 erhielt Heisenberg den Nobelpreis für Physik.

Kein Ende mit Schrecken

Welches waren die weiteren Stationen des Atoms? Vielleicht der Blütenstaub einer Rose, die Spuren eines Fuchses, das saftige Gras der Almwiese, das Innere eines Kuheuters, ein Glas Milch, eingeschlossen in eine Molekülkette?

Die Milch wird getrunken. Die Moleküle werden durch die chemischen Prozesse des Körpers zerbrochen und weiterverarbeitet.

Kleinste Teile der Milchbestandteile wandern durch den Magen in den Darm. Sie werden umgesetzt in Stoffe, die der Körper braucht. Zuckermoleküle entstehen und verschiedene Eiweiße. Anderes wird ausgeschieden, denn Billionen Bakterien tun ständig ihr Werk und trennen das Brauchbare vom Nichtverwendbaren.

Von einem Blutstrom wird das Kohlenstoffatom weitertransportiert und gelangt durch die Arterien zum Gehirn. Dort kommt es in einen Bereich des zentralen Nervensystems, in dem Abermillionen von Zellen für die Fantasie, die Kreativität und die Träume zuständig sind.

Hier ist, wie überall im menschlichen Gehirn, jede Menge Wirbel; ein äußerst fein aufeinander abgestimmtes unsichtbares Spiel, das unsere Gefühle bestimmt, unser Glück, unsere Trauer, unsere Sicht auf die Welt. Dort arbeitet ein Labyrinth aus mikroskopisch kleinen Fasern, die sich kreuzen, verschlingen, zusammentun zu dickeren Bahnen, in denen unaufhörlich elektrisch geladene Teilchen laufen und alles erzeugen, was Menschen denken und empfinden.

Das Kohlenstoffatom hilft zusammen mit Milliarden und Abermilliarden anderen dabei, Verbindungen zu anderen Zellen zu öffnen oder zu schließen und so bestimmte Entscheidungen zu treffen. Es ist dabei, wenn Schalter in die eine oder andere Richtung gelegt werden und das heißt Ja oder Nein, gut oder schlecht, tu dies oder das. Und manchmal entsteht auf diese Weise sogar eine wunderbare Fantasiegestalt.

„Hallo, XaphoX!"

„Ich komme, um mich von dir zu verabschieden."

„Das ist nett von dir."

„Ich hoffe, ich konnte ein bisschen beim Verstehen der Welt behilflich sein."

„Du hast sehr geholfen, XaphoX. Ich danke dir dafür! Kommst du wieder?"

„Vielleicht."

„Was heißt das?"

„Wenn du neugierig bleibst und eines Tages noch mehr wissen willst, dann komme ich auch zurück."

„Ganz bestimmt!"

„Dann lebe wohl für heute."

„Wohin gehst du?"

„Zurück in meine Heimat. Dort warten neue Aufgaben auf mich."

„Auf Wiedersehen und gute Reise, XaphoX!"

Das Bild des Androiden verschwimmt. Das Kohlenstoffatom in meinem Kopf gibt einen neuen Impuls an die Nervenzellen weiter. Sie lösen eine Kettenreaktion in den Gehirnzellen aus, an deren Ende ein Befehl steht: DRUCKEN!

Register

Jürgen Teichmann

Die überaus fantastische Reise zum Urknall -
Astronomie von Galilei bis zur Entdeckung der Schwarzen Löcher

1609, vor genau 400 Jahren, richtete Galileo Galilei sein Fernrohr auf den Himmel
– der Beginn einer unglaublich aufregenden Entdeckungsreise in die Weiten des
Weltraumes! Jürgen Teichmann erzählt von den spektakulärsten Entdeckungen der
Weltallforscher, von Pulsaren, Quasaren, gefräßigen Schwarzen Löchern, Galaxien,
Roten Riesen, dem Echo des Urknalls und warum die Farbe eines Sternes vielleicht
seine Geschwindigkeit verraten kann. Astronomie – spannender als jeder Krimi!

Arena

152 Seiten. Gebunden.
ISBN 978-3-401-06392-8
www.arena-verlag.de

ARENA BIBLIOTHEK DES WISSENS
Aktuell

978-3-401-06222-8

978-3-401-06527-4

978-3-401-06219-8

Weitere Titel in der Reihe „Aktuell":

Gerd Schneider
Politik
ISBN 978-3-401-06172-6

Souad Mekhennet / Michael Hanfeld
Islam
ISBN 978-3-401-06220-4

Peter W. Schroeder
USA - Die unvollendete
Geschichte einer Supermacht
ISBN 978-3-401-06525-0

Christiane Toyka-Seid / Gerd Schneider
Die Finanzkrise
ISBN 978-3-401-06431-4

Bescheid wissen in der Welt von heute – mit der ARENA BIBLIOTHEK DES WISSENS AKTUELL. Hochkompetente Autoren führen kompakt und anschaulich in bedeutende Themen des Zeitgeschehens ein – unverzichtbares Grundlagenwissen für Schüler ebenso wie für Erwachsene.

Arena

Jeder Band:
Klappenbroschur.
www.arena-verlag.de